Contents

Topic	Conversations	Situa...
1. ABOUT YOURSELF		
2 You and your family	Les noms; comment allez-vous?; la famille; l'âge.	'Je m'appelle Kevin.'
		'Parlez-moi de votre famille.'
4 Pleased to meet you		'Enchanté'; 'Bonne nuit.'
5 Where do you live?	L'adresse; la nationalité.	'Je suis anglais.'
6 What do you look like?	Les couleurs; les cheveux; les vêtements; la taille.	'Décrivez-vous.'
2. HOME LIFE		
8 Home	La maison; les étages; les pièces; dans chaque pièce.	'Qu'est-ce que c'est que ça?'
		La visite de la maison.
13 Visiting a French family		Les formules de politesse.
14 Housework	Les corvées de ménage; le couvert; je dois …	'Puis-je vous aider?'
16 Talk about home life	Que fait-on?	La journée.
3. GOING ABROAD		
18 Where to go	Les langues; les pays; les mers; les capitales.	
20 How to get there	Les transports; un voyage à l'étranger.	
21 Air travel		À l'aéroport; dans la salle d'attente.
22 Going through customs		À la douane.
4. TRAVELLING ROUND FRANCE		
24 France	La France; les fleuves; une visite en France.	Ma visite en France.
26 Time and timetables	L'heure; à quelle heure …?	L'horaire; arrivées et départs.
29 Bus and Underground	Le métro; les autobus de votre ville.	Dans le métro; dans l'autobus; à l'arrêt d'autobus.
32 Travelling by train	À la gare; voyager par le train.	Au guichet; au bureau de renseignements; dans le train; 'j'ai perdu mon billet'; 'j'ai manqué le train.'
38 Going by road	Les voitures.	à la station de service; en panne.
5. SEEING THE SIGHTS		
41 What is there to see?		Dans le Syndicat d'Initiative.
42 Asking the way		'Pour aller à la banque?' 'où est le marché?' décrivez la route.
44 Is it far from here?		Est-ce loin d'ici?
45 Talk about your town	Votre ville; les routes; les distances.	
6. SHOPPING		
46 Money	L'argent; l'argent de poche.	À la caisse; à la banque.
48 Shops and shopping	Les magasins et les marchandises.	Au marché; à la crémerie; à la pâtisserie-confiserie.
52 The department store		Au grand magasin.
53 In the post office		À la poste.
7. FREE TIME		
54 Your choices	Aimez-vous? Préférez-vous? Savez-vous? Allez-vous?	
55 Weather and seasons	Le temps; les saisons.	
56 Sports	Les sports.	
58 Free time at home	Les passe-temps.	
60 Time out	Vous sortez?	Au cinéma; j'ai rendez-vous.
63 Talk about your free time	Que faites-vous?	
8. SCHOOL AND CAREERS		
64 School	Les matières; les professeurs; votre école.	
65 Careers	Les métiers; que ferez-vous? que feriez-vous?	
9. FOOD		
66 Eating at a restaurant		Au restaurant.
68 In a café		Au café.
69 Talk about food	Les repas; qu'est-ce que vous mangez?	
10. HOLIDAYS		
70 When to go	La date; les fêtes; les jours; les mois.	'Quand est-ce que vous partez?' 'Bon anniversaire.'
72 Camping and youth hostelling	Le camping; la campagne.	Au camping; dans un champ; à l'auberge de jeunesse.
74 At the seaside	Au bord de la mer; décrivez une plage.	Sur la plage.
75 Staying at a hotel		À l'hôtel.
76 Talk about your holidays	Les vacances; à la ferme.	
11. PROBLEMS		
77 Help!		En difficulté.
78 Lost property		Au commissariat de police; aux objets trouvés.
79 I don't feel well		Chez le médecin.
80 Road accidents		Un accident de la route.
81 Making a phone call		Un coup de téléphone.

1

About yourself

You and your family

Conversation A: Les noms (1)

Comment vous appelez-vous?　　Je m'appelle …
Comment s'appelle votre soeur?　　Elle s'appelle …
Comment s'appelle votre frère?　　Il s'appelle …
Comment s'appelle votre chat?　　Il s'appelle …
Comment s'appelle votre professeur?　　Il s'appelle …

Conversation B: Les noms (2)

Quel est votre prénom?　　C'est …
Et votre nom de famille?　　C'est …
Quel est le prénom de votre ami?　　C'est …
Et son nom de famille?　　C'est …

Conversation C: Comment allez-vous?

Comment allez-vous?　　Très …
Comment va votre père?　　Il va …
Comment va votre mère?　　Elle va …
Ça va?　　Oui, …

Conversation D: La famille

Avez-vous des soeurs?　　…　　Combien de frères avez-vous?　　J….
Avez-vous des cousins?　　…　　Combien de tantes avez-vous?　　J…
Avez-vous des cousines?　　…　　Combien de chiens avez-vous?　　J…
Avez-vous des grand-mères?　　…　　Combien de chats avez-vous?　　J…

Conversation E: L'âge

Quel âge avez-vous? J'ai …
Quel âge a votre grande soeur? Elle a …
Quel âge a votre petit frère? Il a …

Situation 1: 'Je m'appelle Kevin'

Dominique Pinault, a French teenager, is waiting at the Gare du Nord in Paris to meet his English penfriend for the first time.

DOMINIQUE:	Pardon, je cherche un jeune Anglais qui arrive ici aujourd'hui. Est-ce que vous vous appelez Kevin?
KEVIN:	**Oui, je m'appelle Kevin Turner.**
DOMINIQUE:	Ah oui, maintenant je te reconnais bien de ta photo. Comment vas-tu?
KEVIN:	**Très bien merci, Dominique.**
DOMINIQUE:	As-tu fait un bon voyage?
KEVIN:	**Excellent, merci.**

NOW YOUR TURN
In a Paris station, a man introduces himself as your penfriend's father.

MONSIEUR:	Excusez-moi. Je suis Pierre Dubois, le père de Michel. Je crois que vous êtes son correspondant anglais?
VOUS:	…
MONSIEUR:	Comment allez-vous après votre long voyage?
VOUS:	…
MONSIEUR:	Est-ce que vous avez fait un bon voyage?
VOUS:	…

Situation 2: 'Parlez-moi de votre famille'

Kevin meets a Frenchman who once knew his father.

LE FRANÇAIS:	Tiens, c'est Kevin Turner, le fils de mon vieux copain Philip. Comment va-t-il, ce brave Philip?
KEVIN:	**Il va très bien, merci, monsieur.**
LE FRANÇAIS:	Et votre mère, comment va-t-elle?
KEVIN:	**Elle va très bien aussi.**
LE FRANÇAIS:	Parlez-moi de votre famille. Vous avez des frères peut-être, ou des soeurs?
KEVIN:	**Oui monsieur.** **J'ai un frère de quatre ans et une soeur de douze ans.**

NOW YOUR TURN
A Frenchwoman who was once a friend of your mother asks questions about *your* family.

LA FRANÇAISE:	Voilà l'enfant de ma chère amie. Comment va votre mère?
VOUS:	…
LA FRANÇAISE:	Ah bon. Et votre père, est-ce qu'il va bien aussi?
VOUS:	…
LA FRANÇAISE:	Vous avez des frères et des soeurs, n'est-ce pas? Quel âge ont-ils?
VOUS:	…

Pleased to meet you

Situation 3: 'Enchanté'

Dominique takes Kevin to meet the family.

DOMINIQUE:	Maman, papa, je vous présente mon correspondant Kevin.
MME PINAULT:	Ah bonjour Kevin. Soyez le bienvenu chez nous.
KEVIN:	**Heureux de faire votre connaissance, madame, monsieur.**
DOMINIQUE:	Maintenant Kevin, je te présente ma grande soeur Louise.
KEVIN:	**Enchanté, mademoiselle.**
DOMINIQUE:	Et voici ma petite soeur Claudette.
KEVIN:	**Bonjour, Claudette.**
CLAUDETTE:	Bonjour, Kevin.

NOW YOUR TURN
Think of something to say when you are introduced to these people.

Situation 4: 'Bonne nuit'

Dominique shows Kevin to his room.

MME PINAULT:	Kevin a l'air très fatigué. Dominique, va lui montrer sa chambre maintenant. Bonne nuit, Kevin; dormez bien.
KEVIN:	**Bonne nuit madame, monsieur.**
CLAUDETTE:	Au revoir Kevin.
KEVIN:	**Au revoir Claudette.**
DOMINIQUE:	Voici ton lit, et voilà tes valises. Je te laisse maintenant. Au revoir – à demain.
KEVIN:	**À demain, Dominique.**

NOW YOUR TURN
1 Say goodnight to your hostess.
2 Say goodbye to your penfriend's sister Marie.
3 Say 'see you tomorrow' to your penfriend Michel.

Where do you live?

Conversation A: L'adresse

More questions about
your town: page 45.

More questions about
your house: page 8.

Où habitez-vous?   **J'habite ...**

Qu'est-ce que c'est? (une grande ville? un petit village?
un port? la capitale de l'Angleterre?)   **C'est ...**

Dans l'ouest ⊕ l'est de l'Angleterre?   **Dans l...**
le nord / le sud

Quelle est votre adresse?   **Mon adresse est ...**

Conversation B: La nationalité

If you aren't English, find
out the words for your
country and nationality.

D'où venez-vous?   ...
Où êtes-vous né?   ...
Quelle est votre nationalité?   ...

Situation 5: 'Je suis anglais'

Kevin meets Dominique's friend
François.

DOMINIQUE:	Salut, François, ça va? ... Voici mon correspondant Kevin.
FRANÇOIS:	Bonjour Kevin. Tu es allemand, n'est-ce pas?
KEVIN:	**Mais non, je suis anglais.**
FRANÇOIS:	Ah oui? D'où viens-tu en Angleterre?
KEVIN:	**Je viens de Southampton. C'est un grand port.**
FRANÇOIS:	C'est près de Liverpool?
KEVIN:	**Mais non, Southampton est dans le sud de l'Angleterre.**

NOW YOUR TURN
Your penfriend's grandfather is
asking you about *your* home.

LE CORRESPONDANT:	Grandpapa, je te présente mon correspondant.
GRAND-PÈRE:	Ah, bonjour. Vous êtes le correspondant canadien de mon petit-fils, n'est-ce pas?
VOUS:	...
GRAND-PÈRE:	Ah bon. De quelle région venez-vous?
VOUS:	...
GRAND-PÈRE:	Est-ce près d'Édimbourg?
VOUS:	...

What do you look like?

un chapeau

une cravate

une veste

un gant

un pardessus

un pantalon

des chaussures (f)

un chemisier

une jupe

un manteau

des pantoufles (f)

un képi

une casquette

un béret

un imperméable

un blouson

un parapluie

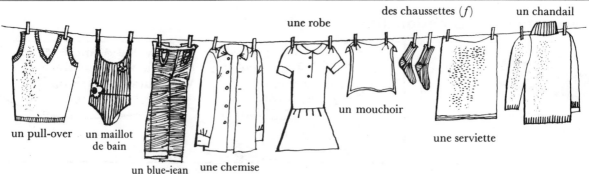

un pull-over

un maillot de bain

un blue-jean

une chemise

une robe

un mouchoir

des chaussettes (f)

une serviette

un chandail

Conversation A : Les couleurs

Il est . . .	Elle est . . .
rose	rose
orange	orange
noir	noire
bleu	bleue
jaune	jaune
blanc	blanche
rouge	rouge
vert	verte
brun	brune
gris	grise
violet	violette
multicolore	multicolore

De quelle couleur est votre pullover ?

Il est bleu, monsieur.

Je ne porte pas de pullover. Je porte mon maillot de bain.

Monsieur a besoin de lunettes, peut-être ?

Jeune homme, de quelle couleur est votre cravate ?   **Elle est . . .**
de quelle couleur est votre pantalon ?   **Il est . . .**
de quelle couleur est votre chemise ?   **Elle est . . .**
Mademoiselle, de quelle couleur est votre jupe ?   **Elle est . . .**
de quelle couleur est votre robe ?   **Elle est . . .**
de quelle couleur est votre chemisier ?   **Il est . . .**
De quelle couleur sont vos chaussettes ?   **Elles sont . . .**
De quelle couleur sont vos chaussures ?   **Elles sont . . .**

Conversation B:
Les vêtements

Qu'est-ce que vous portez en ce moment?   **En ce moment je porte …**
Qu'est-ce que vous portez quand il pleut?   **Quand il pleut je porte …**
Qu'est-ce que vous portez quand il fait froid?   **Quand il fait froid je porte …**
Qu'est-ce que vous portez à la maison?   **À la maison je porte …**

Conversation C:
Les cheveux

De quelle couleur sont vos cheveux?
(blonds? noirs? bruns? roux? châtains?)   **J'ai les cheveux …**
Comment sont vos cheveux?   **J'ai les cheveux …**
Comment sont les cheveux de votre professeur?   **Il/elle a les cheveux …**

Conversation D:
La taille (1)

Êtes-vous grand ou petit?   …
Votre frère, est-il grand ou petit?   …
Et votre soeur, est-elle grande ou petite?   …

Conversation E:
La taille (2)

Votre père est petit, n'est-ce pas?   …
Et votre mère, est-ce qu'elle est petite?   …
Qui est le plus petit de votre famille?   …
Qui est le plus grand?   …
Êtes-vous plus grand que votre père?   …
Est-ce que votre mère est plus grande que vous?   …

Situation 6: Décrivez-vous

Kevin phones Dominique's parents to say he is at the station.

M PINAULT:	Allô, c'est Yves Pinault à l'appareil.
KEVIN:	**Bonjour monsieur. Ici Kevin – je suis arrivé à la gare.**
M PINAULT:	Bon, Kevin. On vient vous chercher en auto. Mais comment est-ce qu'on va vous reconnaître?
KEVIN:	**Je suis de taille moyenne.** **J'ai les cheveux bruns et assez longs.** **Je porte un pullover rouge et un blue-jean bleu.**
M PINAULT:	Bien. À tout à l'heure!

NOW YOUR TURN
Phone your penfriend's home on arriving in his town.

1 Say hello, give your name, and say you have arrived at the station.
2 Describe your size, hair and clothes.

MONSIEUR:	Allô. Qui est à l'appareil?
VOUS:	…
MONSIEUR:	Bien, je viens tout de suite. Mais décrivez-vous un peu.
VOUS:	…
MONSIEUR:	À bientôt, alors.

Home life

Home

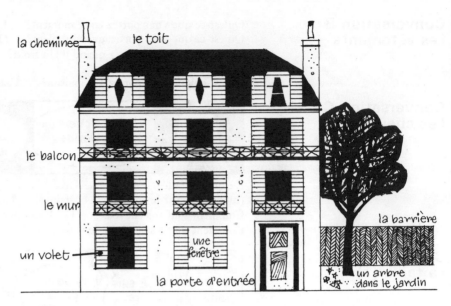

la cheminée
le toit
le balcon
le mur
un volet
une fenêtre
la barrière
la porte d'entrée
un arbre dans le jardin

Il y a un jardin mais il n'y a pas de garage.

Conversation A: La maison (1)

> Le jardin: voir à
> la page 59.

Est-ce que vous habitez une maison ou un appartement?　**J'habite ...**
Chez vous, est-ce qu'il y a une cheminée?　...
est-ce qu'il y a un jardin de devant?　...
est-ce qu'il y a un jardin de derrière?　...
est-ce qu'il y a une barrière?　...
est-ce qu'il y a un balcon?　...
est-ce qu'il y a un garage?　...
est-ce qu'il y a des volets?　...

Conversation B: La maison (2)

> Les couleurs sont à
> la page 6.

De quelle couleur est le toit?　**Il est ...**
De quelle couleur est la porte d'entrée?　**Elle est ...**
De quelle couleur sont les murs?　**Ils sont ...**
De quelle couleur est la barrière?　**Elle est ...**

Conversation C: Les étages

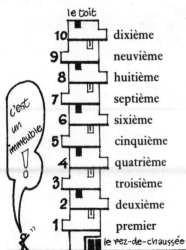

le toit
10 dixième
9 neuvième
8 huitième
7 septième
6 sixième
5 cinquième
4 quatrième
3 troisième
2 deuxième
1 premier
le rez-de-chaussée

C'est un immeuble

Combien d'étages y a-t-il chez vous?　**Il y en a ...**
À quel étage habitez-vous?　**J'habite au ...**

Est-ce qu'il y a un escalier ou un ascenseur?　...

Conversation D : Les pièces de la maison (1)

Voici les pièces de la maison
de la famille Pinault.

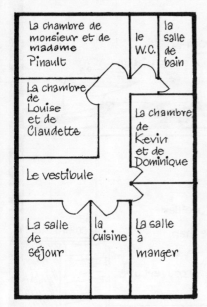

Dans quelle pièce est-ce qu'on prépare les repas?
On prépare les repas dans ...

Où est-ce qu'on dort?
On dort dans ...

Comment s'appelle la pièce où on se lave?
On se lave dans ...

Dans quelle pièce est-ce qu'on mange?
On mange dans ...

Où est-ce qu'on regarde la télévision?
On regarde la télévision dans ...

Conversation E : Les pièces de la maison (2)

Chez vous, quelles sont les pièces de la maison?   **Chez nous, il y a ...**
Où est-ce que vous vous habillez le matin?   **Je m'habille dans ...**
Où est-ce que vous vous lavez?   **Je me lave dans ...**
Où est-ce que vous prenez le petit déjeuner?   **Je prends le petit déjeuner
dans ...**
Dans quelle pièce est-ce que vous laissez votre manteau?   **Je laisse mon
manteau dans ...**
Dans quelle pièce est-ce que vous prenez votre repas du soir?   **Je prends
mon repas du soir dans ...**
Dans quelle pièce est-ce que vous faites vos devoirs?   **Je fais mes devoirs
dans ...**
Dans quelle pièce est-ce que vous dormez?   **Je dors dans ...**

Conversation F : Les pièces de la maison (3)

Que fait-on dans la cuisine?   **On ...**
Que fait-on dans la salle à manger?   **On ...**
Que fait-on dans la salle de séjour?   **On ...**
Que faites-vous dans la salle de bain?   **Je ...**
Que faites-vous dans votre chambre?   **Je ...**

9

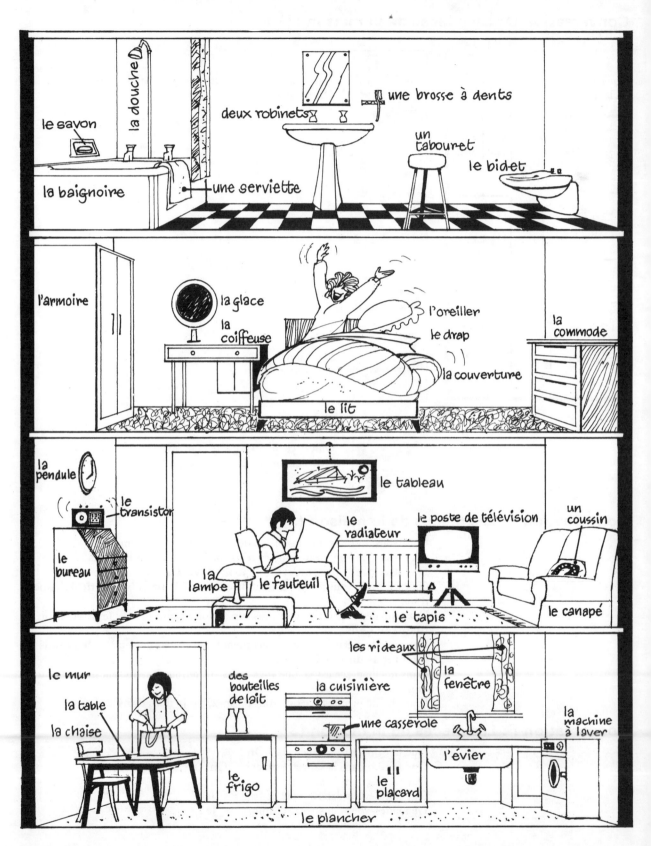

le savon

la douche

deux robinets

une brosse à dents

un tabouret

le bidet

la baignoire

une serviette

l'armoire

la glace

la coiffeuse

l'oreiller

le drap

la commode

la couverture

le lit

la pendule

le transistor

le tableau

le poste de télévision

un coussin

le radiateur

le bureau

la lampe

le fauteuil

le tapis

le canapé

le mur

la table

la chaise

des bouteilles de lait

la cuisinière

les rideaux

la fenêtre

une casserole

la machine à laver

le frigo

le placard

l'évier

le plancher

Conversation G : Dans le vestibule

Les couleurs sont
à la page 6.

Est-ce qu'il y a un vestibule chez vous? ...
Est-ce qu'il y a un téléphone chez vous? ...
si 'oui':
Où est-il? **Il est ...**
De quelle couleur est-il? **Il est ...**

Conversation H : Dans la salle à manger

Est-ce qu'il y a une salle à manger chez vous? ...
si 'oui':
Qu'est-ce qu'il y a dans la salle à manger? **Il y a ...**
De quelle couleur est la nappe? **Elle est ...**
Est-ce qu'il y a un buffet? ...

Conversation I : Dans la cuisine

Qu'est-ce qu'il y a dans la cuisine chez vous? **Il y a ...**
Est-ce qu'il y a une cuisinière à gaz ou une cuisinière électrique? **Il y a ...**
La table, est-elle grande ou petite? **Elle est ...**
Combien de placards y a-t-il? **Il y en a ...**
Est-ce qu'il y a des rideaux? ...
si 'oui':
De quelle couleur sont-ils? **Ils sont ...**
Combien de chaises ou de tabourets y a-t-il? **Il y en a ...**

Conversation J : Dans la chambre

Combien de chambres y a-t-il chez vous? **Il y en a ...**
Qui occupe ces chambres? ...
Est-ce que vous partagez votre chambre avec un frère ou une soeur? ...
Qu'est-ce qu'il y a dans votre chambre? **Il y a ...**
Combien d'oreillers y a-t-il sur votre lit? **Il y en a ...**
Et combien de couvertures? **Il y en a ...**
Où sont vos vêtements? **Ils sont ...**
Est-ce qu'il y a des images contre les murs? ...
si 'oui':
Des images de qui ou de quoi? ...

Conversation K : Dans la salle de séjour

Faites une description de votre salle de séjour.
(Est-ce qu'elle est grande? petite? jolie? moderne? confortable?
Qu'est-ce qu'il y a dans la salle de séjour?
Combien y en a-t-il?
Est-ce qu'il y a un feu ou un radiateur?
De quelle couleur sont les rideaux, le tapis, les murs et la porte?) **La salle de
séjour chez nous est ...**

Situation 7: 'Qu'est-ce que c'est que ça?'

Dominique is showing Kevin round the house. In the bathroom, Kevin notices an unfamiliar object and asks what it is.

DOMINIQUE: Voici la salle de bain, Kevin.
KEVIN: **Qu'est-ce que c'est que ça?**
DOMINIQUE: Ça, c'est un bidet.
KEVIN: **Pardon? Je ne comprends pas.**
DOMINIQUE: C'est un bidet – on s'y lave. Qu'est-ce que c'est en anglais?
KEVIN: **Je ne sais pas.**

NOW YOUR TURN In the street you notice a long red metal object hanging above a shop.

1 Ask what it is.

2 Say 'Pardon? I don't understand'.

3 When asked what it is in English, say you don't know.

Situation 8: La visite de la maison

Madame Pinault shows Kevin more of the house.

MME PINAULT: Voici la chambre que vous allez partager avec Dominique. Est-ce qu'elle vous plaît? Elle est petite, mais elle est confortable.
KEVIN: **Mais oui, madame, j'en suis très content.**
Quel est mon lit?
MME PINAULT: C'est celui-là, près de la fenêtre ... Et voici la cuisine.
KEVIN: **Où est le salon?**
MME PINAULT: Le voici à côté de la cuisine ... Et voilà le jardin.
KEVIN: **Quel beau jardin!**

NOW YOUR TURN You are being shown round your penfriend's home.

1 Madame shows you your room. Say yes, you're very pleased with it.
Ask which is your bed.

2 She tells you. Ask where the garden is.

3 In the garden you meet the dog. Say 'what a nice dog.'

Visiting a French family

Situation 9: Les formules de politesse (1)

MME PINAULT : Est-ce que vous voulez de la soupe, Kevin ?
KEVIN : **Oui, s'il vous plaît, madame.**
MME PINAULT : Voilà ... attention – vous laissez tomber l'assiette !
KEVIN : **Oh, excusez-moi. Je suis désolé, madame!**
MME PINAULT : Ça ne fait rien – c'est une vieille assiette. En voici une autre.
KEVIN : **Vous êtes très gentille.**

NOW YOUR TURN Your French hostess offers you coffee after your meal.

1 Say yes please.

2 Your cup slips. Apologise and say you're very sorry.

3 She says it doesn't matter. Tell her that's very kind of her.

Situation 10: Les formules de politesse (2)

Some friends of the Pinault family have invited Kevin for a meal. They offer him more coffee, but he has to go.

MADAME : Voulez-vous encore du café, Kevin ?
KEVIN : **Merci, je dois partir.**
MONSIEUR : Alors, on va vous emmener à la gare en auto.
KEVIN : **Est-ce que je vous dérange, monsieur ?**
MONSIEUR : Mais non, pas du tout. Ça me fait plaisir.
KEVIN : **Vous êtes très gentils. Je me suis bien amusé aujourd'hui.**
MADAME : Au revoir, Kevin. À bientôt !
KEVIN : **Au revoir, madame. Je vous remercie de votre hospitalité.**

NOW YOUR TURN You have spent the day at a friend's house, and his mother invites you to stay for the evening meal.

1 Say no thank you, you have to leave.

2 The father offers to show you the way. Ask if you are disturbing him.

3 Say that's very kind of them, and add that you've enjoyed yourself a lot today.

4 Say goodbye to your hostess, and thank her for her hospitality.

MADAME : Voulez-vous dîner avec nous ?
VOUS : ...
MONSIEUR : Alors, je vais vous montrer votre route.
VOUS : ...
MONSIEUR : Mais non, pas du tout.
VOUS : ...
MONSIEUR : Au revoir. À la semaine prochaine.
VOUS : ...

Housework

Françoise dit:

'Chez nous, ma sœur et moi
nous **faisons** le ménage:
nous **lavons** les vêtements;
nous **passons** l'aspirateur;
nous **balayons** le plancher;
nous **mettons** la table;
nous **repassons** les vêtements;
nous **faisons** la vaisselle;
nous **faisons** la cuisine;
nous **faisons** les lits;
nous **nettoyons** le plancher;
nous **faisons** des courses'.

Chez Dominique aussi les
enfants **font** le ménage:
ils **font** les lits;
ils **mettent** le couvert;
ils **font** la vaisselle;
ils **font** la cuisine.

EXTRA

Make a diary of jobs done in
your home on Saturday.
Divide it into **le matin**,
l'après-midi and **le soir**,
and say who does what.

Madame Pinault fait le ménage.

Le matin
elle prépare le
petit déjeuner

Elle fait les lits

Elle passe
l'aspirateur

Elle balaie le
plancher

Elle nettoie le
plancher

Elle fait la lessive
(Elle lave
les vêtements)

Elle fait la
cuisine

Elle met le couv-
ert
(Elle met la table)

L'après-midi,
elle fait
la vaisselle

Elle repasse les
vêtements

Elle répare les
vêtements

Elle fait
des achats
(Elle fait
des courses)

Conversation A:
Les corvées
de ménage (1)

Chez vous, qui fait la vaisselle? ... qui nettoie la voiture? ...
qui fait les lits? ... qui fait la lessive? ...
qui fait les courses? ... qui repasse les vêtements? ...
qui fait la cuisine? ... qui répare les vêtements? ...
qui fait le jardinage? ... qui met le couvert? ...

Conversation B:
Les corvées
de ménage (2)

Quelles corvées de ménage faites-vous? **Je** ...
Est-ce que vous faites des achats pour maman? ...
Est-ce que vous nettoyez vos chaussures? ...
Est-ce que vous préparez les repas quelquefois? ...
Est-ce que vous faites votre lit? ...
Est-ce que vous rangez votre chambre? ...

Conversation C:
Les corvées
de ménage (3)

Que faites-vous pour aider votre mère? **Je** ...
Est-ce que vous l'aidez à faire la vaisselle? ...
Est-ce que vous l'aidez à faire la cuisine? ...
Est-ce que vous l'aidez à passer l'aspirateur? ...

Conversation D : Le couvert

Sur la table de la salle à manger on met :

des cuillers

des fourchettes

des couteaux

des assiettes

une bouteille
de vin

une carafe
d'eau

des tasses et
des soucoupes

des verres

Quand vous mettez le couvert :
Qu'est-ce que vous mettez à chaque place ?   **À chaque place, je mets . . .**
Où est-ce que vous mettez les fourchettes, à droite ou à gauche ?   **Je mets les fourchettes . . .** Où est-ce que vous mettez les couteaux ? **Je mets les couteaux . . .**

Conversation E : Je dois . . .

Qu'est-ce que vous devez faire à la maison ?   **Je dois . . .**
Est-ce que vous devez ranger votre chambre ?   **. . .**
Est-ce que vous devez aider maman à faire la vaisselle quelquefois ?   **. . .**

Situation 11 : 'Puis-je vous aider ?'

Seeing Mme Pinault struggling into the dining room under a loaded tray, Kevin takes it from her, then offers to help.

KEVIN :   **Permettez-moi, madame.**
MME PINAULT :   Merci ; ce plateau est assez lourd.
KEVIN :   **Puis-je vous aider ?**
MME PINAULT :   Oui, vous pouvez m'aider à mettre le couvert.
KEVIN :   **Comme ça ?**
MME PINAULT :   Oui, exactement comme ça. Merci bien, Kevin.
KEVIN :   **Je vous en prie, madame.**

NOW YOUR TURN   You see your hostess starting to make your bed.

1 As you take one end of the sheet, say 'Allow me.'

2 Ask if you can help her.

3 Say 'Like that?' She thanks you.

4 Say 'Don't mention it.'

15

Talk about home life

Conversation A : Que fait-on le matin ?

EXTRA

More questions on your
daily routine: page 26.

Chez vous, que se lève le premier?   …
Est-ce que vous aimez vous lever de bonne heure?   …
Est-ce que vous vous réveillez de bonne heure le dimanche?   …
Où est-ce que vous vous lavez?   **Je me lave dans …**
Est-ce que vous vous habillez vite ou lentement?   **Je m'habille …**
Qui quitte la maison le premier chez vous?   …
Est-ce que maman va au travail?   …
si 'non' :
Que fait maman pendant la journée?   **Elle …**

Conversation B : Que fait-on le soir ?

EXTRA

More questions on what you
do at home in the evening:
pages 58–59.

Est-ce que papa se repose quand il rentre?   …
Et maman, est-ce qu'elle se repose quand papa rentre?   …
Et vous, est-ce que vous aimez vous reposer?   …
Où est-ce que vous passez la soirée quand vous restez à la maison?
(dans la salle de séjour? dans votre chambre?)   **Je passe la soirée …**
Où est-ce que vous vous déshabillez?
(dans la salle de bain? dans votre chambre?)   **Je me déshabille …**
Où est-ce que vous posez vos vêtements?   **Je pose mes vêtements …**

Conversation C : Qu'est-ce qu'on a fait hier soir ?

vous avez,	j'ai/
avez-vous?	je n'ai pas
vous êtes,	je suis/
êtes-vous?	je ne suis pas

EXTRA

More questions on what you
did last night: page 63.

Qui est rentré le premier chez vous hier soir?   …
Qu'est-ce maman a fait pendant la journée?   **Elle …**
Est-ce que vous avez aidé maman un peu hier soir?   …
si 'oui' :
   Qu'est-ce que vous l'avez aidée à faire?   **Je l'ai aidée à …**
Avez-vous fait vos devoirs hier soir?   …
si 'oui' :
   Où les avez-vous faits?   **Je les ai faits dans …**
   Combien d'heures avez-vous travaillé?   **J'ai travaillé …**
Chez vous, qui est allé au lit le premier hier soir?   …
Où est-ce que vous vous êtes déshabillé?   **Je me suis déshabillé …**
Où est-ce que vous avez posé vos vêtements?   **J'ai posé mes vêtements …**
Est-ce que vous vous êtes couché très tard?   …
Avez-vous bien dormi?   …

Conversation D : Qu'est-ce qu'on a fait ce matin ?

Est-ce que vous vous êtes levé en retard ou de bonne heure ce matin?
Je me suis levé …
Où est-ce que vous vous êtes lavé?   **Je me suis lavé dans …**
Où est-ce que vous vous êtes peigné?   **Je me suis peigné dans …**
Est-ce que vous vous êtes brossé les dents?   …
Est-ce que vous vous êtes habillé vite ou lentement?   **Je me suis habillé …**
Est-ce que le facteur a apporté des lettres aujourd'hui?   …
Est-ce que maman est sortie ce matin?   …
si 'oui' :
Est-ce qu'elle est sortie avant ou après vous?   **Elle est sortie …**
Où est-ce qu'elle est allée? (au travail? aux magasins?)   **Elle est allée …**

Conversation E: Que faisait-on?

Est-ce que vous regardiez la télévision à dix heures hier soir? …
Est-ce que vous dormiez quand le réveil a sonné ce matin? …
Étiez-vous content, quand vous vous êtes levé ce matin? …
Qu'est-ce que votre mère faisait, quand vous êtes parti? **Elle …**
Étiez-vous très fatigué, quand vous êtes arrivé à l'école? …
Quel âge aviez-vous, il y a deux ans? **J'avais …**

Conversation F: Qu'est-ce qu'on fera ce soir?

Est-ce que vous aiderez maman ce soir? …
si 'oui':
    Qu'est-ce que vous l'aiderez à faire? **Je l'aiderai à …**
Est-ce que vous ferez vos devoirs ce soir? …
si 'oui':
    Où les ferez-vous? **Je les ferai dans …**
Vous regarderez peut-être la télévision ce soir? …
Chez vous, qui ira au lit le premier ce soir? …
Où est-ce que vous vous déshabillerez? **Je me déshabillerai …**
Où allez-vous poser vos vêtements? **Je vais poser mes vêtements …**

More questions about your
evening: page 63.

Conversation G: Qu'est-ce qu'on fera demain?

Est-ce que vous vous lèverez de bonne heure demain? …
Où est-ce que vous vous laverez? **Je me laverai dans …**
Est-ce que vous vous habillerez avant ou après le petit déjeuner? **Je m'habillerai …**
Est-ce que maman sortira? …
si 'non':
    Que fera maman pendant la journée? **Elle …**
Viendrez-vous à l'école demain? …
si 'oui':
Comment est-ce que vous y viendrez? (en autobus? à pied? par le train?)
J'y viendrai …

Situation 12: La journée

Kevin is to spend the night in a
small hotel, and asks the landlady
for details of her time-table.

LA PATRONNE:	Voici votre chambre, monsieur.
KEVIN:	**À quelle heure est-ce qu'on prend le petit déjeuner?**
LA PATRONNE:	De sept heures jusqu'à huit heures et demie.
KEVIN:	**Et où est-ce qu'il est servi?**
LA PATRONNE:	Par ici, dans la salle à manger …
	Est-ce que vous déjeunerez ici?
KEVIN:	**Oui madame, je rentrerai vers midi.**
LA PATRONNE:	Bien monsieur.

NOW YOUR TURN   Imagine you are a student lodging with a French family.

1 Ask what time they have
breakfast.

2 Ask where it is served.

3 When you are asked if you'll be
lunching in, say no, you'll be
back at six.

17

Going abroad

Where to go

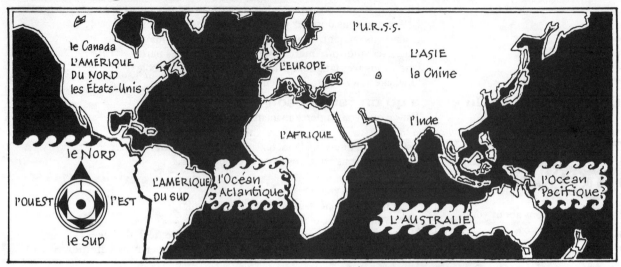

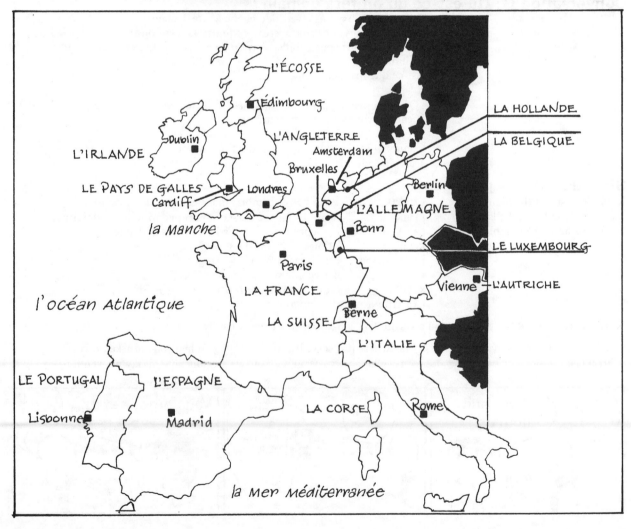

Conversation A:
Les pays et les mers

Comment s'appelle le pays au sud-ouest de la France ?   Il ...
Comment s'appelle le pays à l'ouest de l'Angleterre ?   Il ...
Comment s'appelle le pays au sud-est de la France ?   Il ...
Comment s'appelle l'océan entre l'Europe et l'Amérique ?   Il ....
Comment s'appelle la mer entre la France et l'Angleterre ?   Elle ...
Comment s'appelle la mer entre l'Europe et l'Afrique ?   Elle ...

Conversation B:
Les capitales

Quelle est la capitale de l'Angleterre ?   C'est ...
Quelle est la capitale de l'Écosse ?   C'est ...
Quelle est la capitale du Portugal ?   C'est ...
Quelle est la capitale de la Belgique ?   C'est ...

Conversation C:
Les langues (1)

Dans quel pays est-ce qu'on parle français ?   On parle français ...
Dans quel pays est-ce qu'on parle espagnol ?   On parle espagnol ...
Dans quel pays est-ce qu'on parle anglais ?   On parle anglais ...
Dans quel pays est-ce qu'on parle allemand ?   On parle allemand ...
Dans quel pays est-ce qu'on parle italien ?   On parle italien ...
Dans quel pays est-ce qu'on parle hollandais ?   On parle hollandais ...

Conversation D:
Les langues (2)

Quelle langue est-ce qu'on parle au Canada ?   On y parle ...
Quelle langue est-ce qu'on parle en Espagne ?   On y parle ...
Quelle langue est-ce qu'on parle en Italie ?   On y parle ...
Quelle langue est-ce qu'on parle en Suisse ?   On y parle ...
Quelle est votre langue maternelle ?   Ma langue maternelle est ...

Conversation E:
La géographie (1)

Est-ce que la France est en Europe ?   ...
Est-ce que Rome est en Hollande ?   ...
Est-ce que la Chine est en Asie ?   ...
Où est Madrid ?   ...
Où sont les États-Unis ?   ...

Conversation F:
La géographie (2)

Nommez six continents :   1 ...,   2 ...,   3 ...,   4 ...,   5 ...,   6 ...
Nommez six pays d'Europe :   1 ...,   2 ...,   3 ...,   4 ...,   5 ...,   6 ...
Nommez six langues :   1 ...,   2 ...,   3 ...,   4 ...,   5 ...,   6 ...
Nommez quatre mers :   1 ...,   2 ...,   3 ...,   4 ....

How to get there

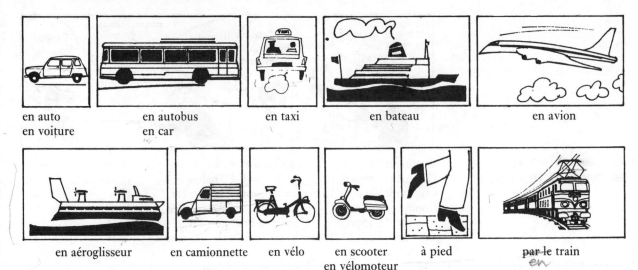

en auto
en voiture

en autobus
en car

en taxi

en bateau

en avion

en aéroglisseur

en camionnette

en vélo
en vélomoteur

en scooter

à pied

par le train
en

Conversation A: Les transports

Comment va-t-on de Douvres à Calais?   **On y va** ...
Comment va-t-on d'ici à Paris?   **On y va** ...
Comment va-t-on de Paris à Marseille?   **On y va** ...
Comment va-t-on de l'école à l'arrêt d'autobus?   **On y va** ...
Comment allez-vous en ville?   **J'y vais** ...
Comment allez-vous au bord de la mer?   **J'y vais** ...
Comment venez-vous à l'école le matin?   **J'y viens** ...
Et comment rentrez-vous à la maison le soir?   **J'y rentre** ...

Conversation B: Un voyage à l'étranger (1)

Êtes-vous jamais allé en France?   ...
Êtes-vous jamais allé en Autriche?   ...
Êtes-vous jamais allé en Hollande?   ...
Êtes-vous jamais allé au Luxembourg?   ...
Êtes-vous jamais allé en Israël?

Combien de fois êtes-vous allé en France?   **J** ...
Combien de fois êtes-vous allé en Irlande?   **J** ...
Combien de fois êtes-vous allé en Belgique?   **J** ...
Combien de fois êtes-vous allé au Portugal?   **J** ...
Combien de fois êtes-vous allé à l'étranger?   **J** ...

Conversation C: Un voyage à l'étranger (2)

Est-ce que vous êtes jamais allé à l'étranger?   ...
si 'oui':
Quel pays avez-vous visité?   **J'ai visité** ...
Quelles villes avez-vous vues?   **J'ai vu** ...
Avec qui y êtes-vous allé?
(en groupe scolaire? en famille? tout seul?)   **J'y suis allé** ...
Comment avez-vous fait le voyage? (en avion? en bateau?)   **J'ai fait le voyage** ...
Et comment êtes-vous revenu?   **Je suis revenu** ...

Air travel

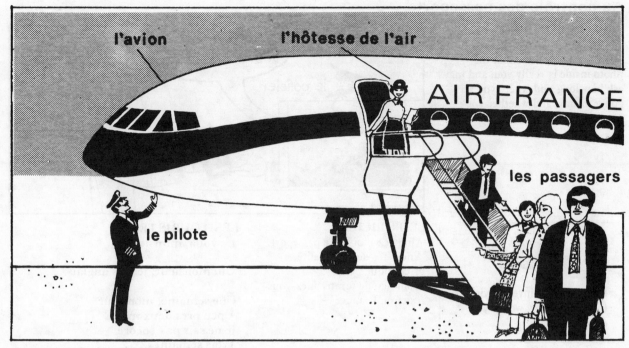

l'avion

l'hôtesse de l'air

AIR FRANCE

les passagers

le pilote

Situation 13: À l'aéroport

Kevin is making enquiries about his journey home.

L'EMPLOYÉ: Oui monsieur?

KEVIN: **J'ai une place réservée dans l'avion pour Londres aujourd'hui. Voici mon billet.**

L'EMPLOYÉ: Merci monsieur . . . oui, tout est en règle. Voulez-vous attendre votre vol dans la salle d'attente, s'il vous plaît.

KEVIN: **À quelle heure est-ce que l'avion part?**

L'EMPLOYÉ: À onze heures, monsieur.

KEVIN: **Et à quelle heure est-ce qu'il va arriver à Londres?**

L'EMPLOYÉ: Ça, je ne sais pas. Il y a du brouillard à Heathrow.

NOW YOUR FLIGHT

1 Say you have a reserved seat in the plane for Rome. Show the official your ticket.

VOUS: . . .

L'EMPLOYÉ: Très bien, vous êtes juste à temps. Écoutez le haut-parleur: on annonce l'avion pour Rome.

2 Ask what time the plane is leaving.

VOUS: . . .

L'EMPLOYÉ: Il va partir dans un quart d'heure.

3 Ask what time it's going to arrive at Rome.

VOUS: . . .

L'EMPLOYÉ: Il va arriver à quatorze heures.

Situation 14: Dans la salle d'attente

At Heathrow Airport, a Frenchman asks you to explain the loudspeaker announcements.

UN FRANÇAIS: Excusez-moi, s'il vous plaît. Pourriez-vous m'aider? Je n'ai pas bien compris le haut-parleur.
Quel avion est-ce qu'on annonce?

1 Tell him the plane for Paris is being announced.

VOUS: . . .

LE FRANÇAIS: À quelle heure est-ce qu'il va partir?

2 Tell him it's going to leave at midday.

VOUS: . . .

LE FRANÇAIS: Mais il a deux heures de retard!

3 When he says that the plane is late, explain that there is fog at Heathrow.

VOUS: . . .

Going through Customs

Au contrôle des passeports

Before you go through Customs, your passport will be checked by a **policier**. He will see that the photo inside is really you, and may ask how long and where you are going to stay, and whether you have any money.

Remember or invent a visit to France. How would you answer?

LE POLICIER:
'Montrez-moi votre passeport.'
'Vous êtes de nationalité britannique?'
'Combien de temps allez-vous rester en France?'

'Où allez-vous demeurer?'

'Maintenant, passez à la douane.'

LES TOURISTES:
'Le voilà, monsieur'.

'Oui monsieur, je suis anglais.'

'Une semaine, monsieur.'
'À peu près deux mois.'
'Je ne sais pas encore.'
'Trois semaines.'
'Chez des amis à Neuilly.'
'Dans un hotel à Paris. Voici l'adresse.'
'Je ne sais pas encore.'
'Nous allons faire du tourisme en auto.'

À la douane

You must take all your luggage to the Customs counter and be present while it is examined.

You must declare any dutiable articles, although a small amount of tobacco, alcohol and so on is allowed into the country tax free. The **douanier** will mark each piece of luggage with chalk when he has passed it.

LE DOUANIER:	Bonjour madame. Où sont vos bagages?
UNE DAME:	**Voilà monsieur. J'ai une malle, une valise et un sac.**
LE DOUANIER:	Avez-vous d'autres bagages?
LA DAME:	**Non, c'est tout.**
LE DOUANIER:	Est-ce que cette valise est à vous?
LA DAME:	**Non, elle n'est pas à moi.**
LE DOUANIER:	Est-ce que ce paquet est à vous?
LA DAME:	**Non, il n'est pas à moi.**
LE DOUANIER:	Bien. Passez, madame.

LE DOUANIER:	Bonjour mademoiselle.
	Avez-vous quelque chose à déclarer?
UNE JEUNE FILLE:	**Non, je n'ai rien à déclarer.**
LE DOUANIER:	Avez-vous des objets de valeur?
LA JEUNE FILLE:	**Rien du tout.**
LE DOUANIER:	Pas de tabac, pas de cigarettes?
LA JEUNE FILLE:	**Non, je ne fume pas.**
LE DOUANIER:	Merci, mademoiselle. Au revoir.
LE DOUANIER:	Bonjour monsieur. Avez-vous quelque chose à déclarer?
UN MONSIEUR:	**Oui monsieur. J'ai un appareil photo, une boîte de cigares, un paquet de cigarettes, une bouteille de cognac, une nouvelle montre, et un flacon de parfum.**
LE DOUANIER:	Ouvrez tous ces paquets, s'il vous plaît.

Situation 15: À la douane (1)

You are coming into France from Italy, where you bought a bottle of Chianti,
a couple of records (**des disques**) and a shirt (**une chemise**).
You have only a rucksack (**un sac à dos**) and a small suitcase.

1 Say what luggage you have. 2 Tell the official that that's all. 3 Tell him what you have to declare.

Situation 16: À la douane (2)

1 You are coming into France across the Swiss border. You have two suitcases . . . 2 . . . but nothing to declare. When the **douanier** finds . . . 3 . . . several Swiss watches in a parcel, explain that it isn't yours.

France

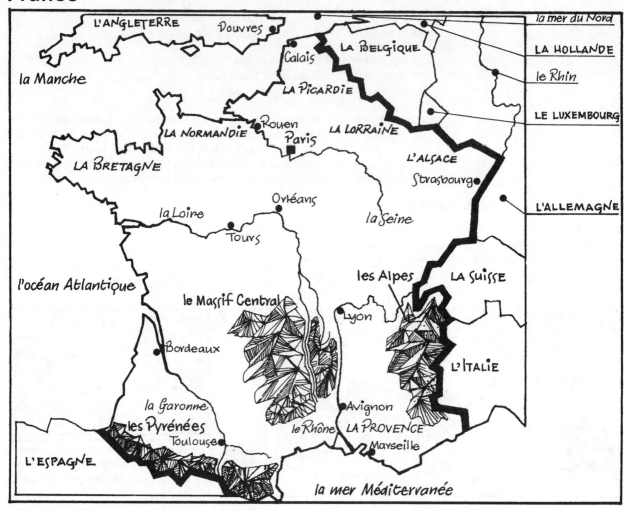

Map labels:

L'ANGLETERRE — Douvres — la mer du Nord — LA BELGIQUE — LA HOLLANDE — Calais — le Rhin — la Manche — LA PICARDIE — LA LORRAINE — LE LUXEMBOURG — Rouen — LA NORMANDIE — Paris — L'ALSACE — LA BRETAGNE — Strasbourg — Orléans — la Seine — la Loire — L'ALLEMAGNE — Tours — l'océan Atlantique — le Massif Central — les Alpes — LA SUISSE — Lyon — L'ITALIE — Bordeaux — la Garonne — Avignon — les Pyrénées — le Rhône — LA PROVENCE — Toulouse — Marseille — L'ESPAGNE — la mer Méditerranée

Conversation A: La France (1)

Nommez les six pays qui touchent à la France : 1 …, 2 …, 3 …, 4 …, 5 …, 6 …

Nommez quatre grands fleuves français : 1 …, 2 …, 3 …, 4 …

Nommez les trois frontières maritimes de la France : 1 …, 2 …, 3 …

Conversation B: La France (2)

Nommez :

les montagnes qui séparent la France de l'Italie. …

le massif au centre de la France. …

la capitale de la France. …

la ville française la plus proche de l'Angleterre. …

le fleuve qui traverse Avignon. …

une région touristique au nord-ouest de la France. …

une ville sur la Loire au sud de Paris. …

la mer qui sépare la France de l'Angleterre. …

le pays au sud-est de la France. …

Conversation C: La France (3)

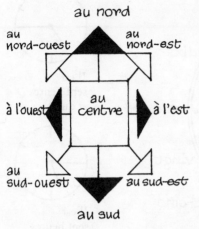

Où est Paris? Qu'est-ce que c'est?   **Paris est …**
Où est Lyon? Qu'est-ce que c'est?   **Lyon est …**
Où est la Manche? Qu'est-ce que c'est?   **La Manche est …**
Où est la Normandie? Qu'est-ce que c'est?   **La Normandie est …**
Où sont les Alpes? Qu'est-ce que c'est?   **Les Alpes sont …**
Où est la Seine? Qu'est-ce que c'est?   **La Seine est …**
Où est le Luxembourg? Qu'est-ce que c'est?   **Le Luxembourg est …**
Où est Marseille? Qu'est-ce que c'est?   **Marseille est …**

Conversation D: Les fleuves

Quel est le fleuve qui traverse Bordeaux?   **C'est …**
Quel est le fleuve qui se jette dans la Manche?   **C'est …**
Quel est le fleuve qui se jette dans la Méditerranée?   **C'est …**
Quel est le fleuve qui sépare la France de l'Allemagne?   **C'est …**
Quel est le fleuve qui descend des Pyrénées et se jette
dans l'Atlantique?   **C'est …**
Quel est le fleuve qui descend du Massif Central et
se jette dans l'Atlantique?   **C'est …**

Conversation E: Une visite en France

Êtes-vous jamais allé en France?   …
si 'oui':
Comment avez-vous voyagé? (en avion? en bateau?)   **J'ai voyagé …**
Quelles villes avez-vous visitées?   **J'ai visité …**
Quels fleuves avez-vous traversés?   **J'ai traversé …**
Quelles montagnes avez-vous vues?
(les Alpes? les Pyrénées? le Massif Central?)   **J'ai vu …/ Je n'ai pas vu …**

Situation 17: Ma visite en France

Dominique's Aunt Claire asks Kevin about his visit to France.

LA TANTE CLAIRE:	C'est votre première visite en France, Kevin?
KEVIN:	**Oui madame, c'est ma première visite en France. Mais je suis déjà allé en Suisse.**
LA TANTE CLAIRE:	Et que pensez-vous de notre pays?
KEVIN:	**Oh, je m'amuse très bien ici, madame.**
LA TANTE CLAIRE:	Comment avez-vous fait le voyage?
KEVIN:	**J'ai fait le voyage tout seul, en bateau et puis par le train.**

NOW YOUR TURN

1 Tell your penfriend's uncle that it's your first visit to France, but you've already been to Belgium.

2 Say you're having a very good time here.

3 Tell him you travelled on your own, by boat and then by train.

L'ONCLE:	Alors, c'est la première fois que vous venez en France?
VOUS:	…
L'ONCLE:	Est-ce que vous passez de bonnes vacances ici?
VOUS:	…
L'ONCLE:	Comment êtes-vous venu d'Angleterre?
VOUS:	…

Time and timetables

Il est ... une heure
deux heures
trois heures
quatre heures
cinq heures
six heures
sept heures
huit heures
neuf heures
dix heures
onze heures
midi/minuit ...

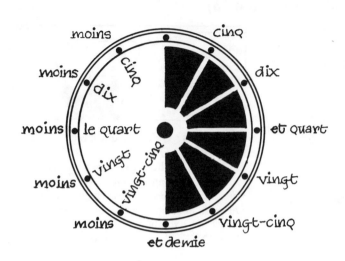

Il est
sept heures
et quart

Il est
sept heures
moins le quart

Conversation A: L'heure

Quelle heure est-il maintenant ?   Il est ...

Conversation B: À quelle heure ... ? (1)

À quelle heure vous levez-vous d'habitude ?   D'habitude, je me lève à ...
À quelle heure vous levez-vous le dimanche ?   Le dimanche, je me lève à ...
À quelle heure vous levez-vous
pendant les vacances ?   Pendant les vacances, je me lève à ...
À quelle heure est-ce que vous
prenez le petit déjeuner ?   Je prends le petit déjeuner à ...
À quelle heure est-ce que vous quittez la maison ?   Je quitte la maison à ...
À quelle heure est-ce que vous arrivez à l'école ?   J'arrive à l'école à ...

Conversation C: À quelle heure ... ? (2)

More questions on your
school: page 64.

À quelle heure commence la première leçon ?   Elle commence ...
Et à quelle heure est-ce qu'elle finit ?   Elle finit ...
À quelle heure commence la récréation du matin ?   Elle commence ...
Et à quelle heure est-ce qu'elle finit ?   Elle finit ...
À quelle heure finissent les cours du matin ?   Ils finissent ...
Et à quelle heure est-ce qu'ils recommencent
l'après-midi ?   Ils recommencent ...

Conversation D: À quelle heure ... ? (3)

More questions on your daily
routine: page 16.

À quelle heure est-ce que vous déjeunez à l'école ?   Je déjeune à ...
À quelle heure est-ce qu'on déjeune chez vous le dimanche ?   Le dimanche,
on déjeune ...
À quelle heure est-ce que vous sortez de l'école ?   Je sors de l'école ...
Vers quelle heure est-ce que vous rentrez à la maison ?   Je rentre à la
maison ...
À quelle heure est-ce que votre père rentre le soir ?   Il rentre ...
À quelle heure est-ce que vous faites vos devoirs ?   Je fais mes devoirs ...
Vers quelle heure vous couchez-vous généralement ?   Généralement, je me
couche ...

Situation 18: L'horaire

At the hoverport, a queue of English tourists check with an official about the hovercraft departure times.

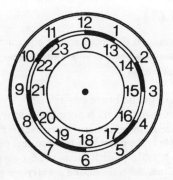

DÉPARTS

L'aéroglisseur pour FOLKESTONE part à:

07h40	12h30
08h45	13h35
09h15	16h30
11h20	18h55

1ER ANGLAIS: Excusez-moi monsieur, sept heures quarante, c'est bien huit heures moins vingt?

L'EMPLOYÉ: **C'est ça monsieur, huit heures moins vingt du matin.**

2ÈME ANGLAIS: Monsieur, huit heures quarante-cinq, c'est bien neuf heures moins le quart du soir?

L'EMPLOYÉ: **Mais non monsieur, c'est neuf heures moins le quart du matin.**

NOW YOUR TURN

3ÈME ANGLAIS: Neuf heures quinze, monsieur, c'est bien neuf heures et quart du matin?

VOUS: ...

4ÈME ANGLAIS: Onze heures vingt, c'est bien onze heures vingt du matin?

VOUS: ...

5ÈME ANGLAIS: Douze heures trente, c'est bien minuit et demi?

VOUS: ...

6ÈME ANGLAIS: Treize heures trente-cinq, monsieur, c'est bien trois heures moins vingt-cinq de l'après-midi?

VOUS: ...

7ÈME ANGLAIS: Excusez-moi monsieur, seize heures trente, c'est bien six heures et demie de l'après-midi?

VOUS: ...

8ÈME ANGLAIS: Dix-huit heures cinquante-cinq, monsieur, c'est bien sept heures moins cinq du soir?

VOUS: ...

EXCUSEZ-MOI, MONSIEUR ...

Trouvez les bonnes paires

1 À quelle heure arrive le train de Nice?
2 À quelle heure part le prochain train pour Paris?
3 Le train pour Lyon, est-ce qu'il est déjà arrivé?
4 Est-ce qu'il y a un train pour Paris ce matin?
5 Est-ce que le train pour Marseille est parti?
6 Quelle heure est-il, s'il vous plaît monsieur?

a Pas encore monsieur. Il arrive dans trois quarts d'heure.
b Oui monsieur, il est parti il y a deux minutes.
c Mais oui. Il y en a un toutes les vingt minutes.
d Il part à onze heures moins cinq, monsieur.
e Il est onze heures moins le quart, monsieur.
f Il arrive à onze heures précises, monsieur.

Situation 19: Arrivées et départs (1)

DÉPARTS DES TRAINS	
destination	heure
LONDRES	10h20
GISORS	17h55
GISORS	19h08
DIEPPE	19h10
LE HAVRE	08h45
ROUEN	10h55
LE HAVRE	11h47
CHERBOURG	11h03
CAEN	12h30
SERQUIGNY	17h00

You have arranged to meet a friend one morning under the departure board at the Gare Saint-Lazare. As you wait, several people ask for information. Try to give them the answers.

'Excusez-moi, quelle heure est-il?' '...'
'À quelle heure part le train pour Serquigny?' '...'
'Est-ce que le train pour Cherbourg est déjà parti?' '...'
'Est-ce que le train pour Londres est déjà parti?' '...'
'Est-ce que le train pour Rouen est déjà parti?' '...'
'Est-ce qu'il y a un train pour Le Havre ce matin?' '...'
'À quelle heure part le prochain train pour Le Havre?' '...'
'À quelle heure part le train pour Caen?' '...'
'À quelle heure part le prochain train pour Gisors?' '...'

Situation 20: Arrivées et départs (2)

Dominique decides to take Kevin on a coach trip to Versailles.

NOW YOUR TURN

1 Ask if the coach for Fontainebleau has left.

2 Ask the time of the next one.

3 Ask what time it arrives at Fontainebleau.

Situation 21: Arrivées et départs (3)

Dominique wants to take Kevin to Corsica, and asks about boat times.

NOW YOUR TURN

1 Ask if there is a boat today.
2 Ask what time it is now.
3 Tell your companion that it leaves in 15 minutes. Suggest that you hurry.

VOUS: ...
L'EMPLOYÉ: Oui, il y en a un toutes les deux heures. Le prochain part à midi moins le quart.
VOUS: ...
L'EMPLOYÉ: Il est onze heures et demie.
VOUS: ...

Bus and Underground

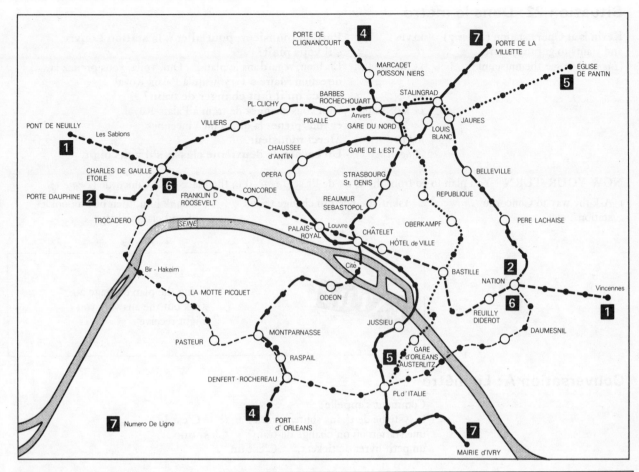

To get around in the Paris **métro**, find which **ligne** you need, notice the name of the terminus in the direction you want to go, and follow the signs for that **direction**:

DIRECTION
NATION
←

A station connecting two or more lines is **une station de correspondance**.
It is quicker and cheaper to buy tickets in advance in a little booklet, **un carnet**. There are two classes of tickets, **première classe** and **deuxième classe**. One ticket normally takes you as far as you want to go. If you are staying for some days, buy **un billet de tourisme**.

How would you get there?

1 You arrive from England at the Gare du Nord (*Ligne 4*) and go first to see the artists and the Sacré Coeur on the top of Montmartre. Take the métro to Anvers (*Ligne 2*) and the funicular up from there.
2 Tired after going over Notre Dame (*Cité, 4*) you feel like boating in the lake in the Bois de Boulogne (*Les Sablons, 1*).
3 Descending from the Eiffel Tower (*Bir-Hakeim, 6*) you decide to 'do' a historical monument and go to Palais-Royal (*1*).
4 After the traffic around the Arc de Triomphe (*Charles de Gaulle, 1*), you seek peace in the zoo at the Jardin des Plantes (*Gare d'Orléans, 5*).
5 After a day's shopping in the Rue de Rivoli (*Châtelet, 4*), you visit the Moulin Rouge and other nightclubs near the Place Pigalle (*2*).

After studying Situation 22, discuss in French how you would make these Underground journeys. Work in pairs, *le touriste* and *le français*.

Situation 22: Dans le métro

Kevin is at Opéra station (*Ligne 7*) and wants to get to Louvre (*Ligne 1*) to see the museum.

KEVIN:	**Pardon monsieur, pour aller à la station Louvre, s'il vous plaît?**
LE MONSIEUR:	Eh bien, regardons le plan ... Oui, voilà, vous prenez la direction Maire d'Ivry jusqu'à Palais-Royal.
KEVIN:	**Est-ce qu'il faut changer de train?**
LE MONSIEUR:	Oui, vous changez de train à Palais-Royal. et vous prenez la direction Vincennes.
KEVIN:	**Merci monsieur.**
Au guichet	**Un carnet de deuxième classe, s'il vous plaît.**

NOW YOUR TURN You plan to go from the Gare de l'Est (*Ligne 4*) to the Place de la Concorde (*Ligne 1*).

1 Ask the way to Concorde station.

2 Ask if you need to change trains.

3 Thank him, then buy a booklet of 2nd class tickets.

 Using the plan on page 29, work out the answers you might receive.

Conversation A: Le métro

Comment s'appelle:
le système de trains souterrains à Paris? **C'est le ...**
une station où on change de train? **C'est une ...**
un petit livret de tickets? **C'est un ...**

Situation 23: Dans l'autobus

Dominique is taking Kevin by bus to see the Arc de Triomphe at the Place Charles de Gaulle.

Catch a bus at the **Gare Routière**, or at **un arrêt d'autobus**.
The bus is driven by **un conducteur**; **un receveur** gives out the tickets. All tickets have the same value, but you may need several on a long journey. In Paris, a **métro** ticket is valid on buses.

KEVIN:	**Où est-ce qu'on prend l'autobus pour la place Charles de Gaulle?**
DOMINIQUE:	Voici l'arrêt. Il y a beaucoup de monde ici. Il faut faire la queue.
KEVIN:	**Voici un soixante-douze. Est-ce que cet autobus va à la place Charles de Gaulle?**
DOMINIQUE:	Non, il va au Palais de Chaillot.
KEVIN:	**Pour aller à la place Charles de Gaulle, c'est quel autobus?**
DOMINIQUE:	C'est le soixante-treize ... ah, le voilà.

Dans l'autobus. Dominique parle au receveur

	Je veux descendre à la place Charles de Gaulle.
LE RECEVEUR:	Bien, monsieur.
KEVIN:	**Où est-ce qu'il faut descendre?**
DOMINIQUE:	Au prochain arrêt. Je vais appuyer sur le signal d'arrêt.

NOW YOUR TURN Imagine you are on the Île de la Cité in Paris.

1 Ask a passer-by where you get the bus for Montmartre.

2 When a bus pulls up, ask the driver if this bus goes to Montmartre.

3 When he says no, ask a lady in the queue which bus is for Montmartre.

4 Ask a passenger where you have to get off for Montmartre.

Situation 24: À l'arrêt d'autobus

Kevin has been waiting for some time for the bus to Châteauneuf. Then a friend joins the queue.

FRANÇOIS: Tiens, bonjour Kevin. Tu attends depuis longtemps?
KEVIN: **Bonjour François. Oui, j'attends depuis vingt minutes.**
FRANÇOIS: Hier aussi l'autobus était en retard, parce qu'il y avait beaucoup de circulation. J'ai attendu une demi-heure.
KEVIN: **Combien de temps faut-il encore attendre?**
FRANÇOIS: Oh, encore cinq minutes.
KEVIN: **Combien de temps faut-il pour aller à Châteauneuf?**
FRANÇOIS: Il faut un quart d'heure.

NOW YOUR TURN You are at a bus-station waiting for a coach to Paris.

1 Tell the counter-clerk that you've been waiting for 20 minutes.

2 Ask how long you still have to wait.

3 Ask how long it takes to get to Paris.

Conversation B: Les autobus

Où est-ce qu'on prend l'autobus?   **On prend l'autobus à …**
Comment s'appelle un homme qui conduit un autobus?   **C'est un …**
Comment s'appelle un homme qui vend les tickets?   **C'est un …**

Conversation C: Les autobus de votre ville

Dans la ville où vous habitez:
Pour aller de l'école à la gare, c'est quel autobus?   …
Pour aller de votre maison à la gare, c'est quel autobus?   …
Pour aller de votre maison au cinéma, c'est quel autobus?   …

Travelling by train

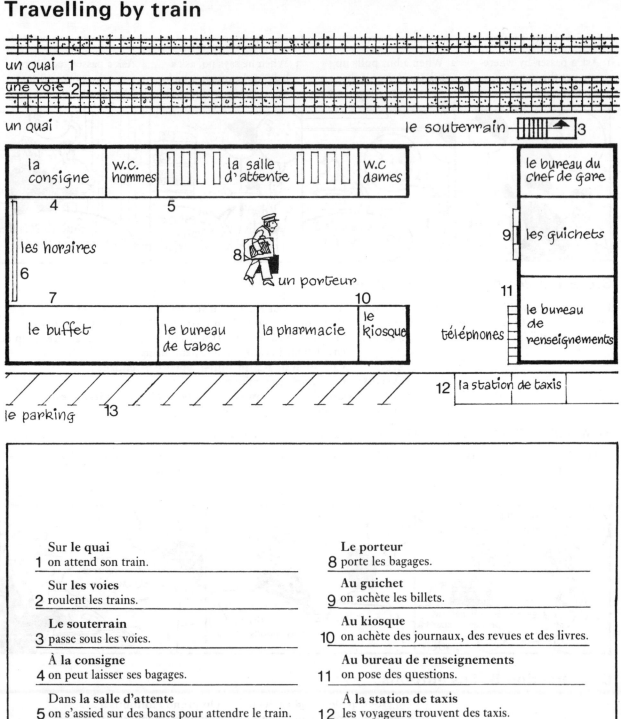

Sur le quai
1 on attend son train.

Sur les voies
2 roulent les trains.

Le souterrain
3 passe sous les voies.

À la consigne
4 on peut laisser ses bagages.

Dans la salle d'attente
5 on s'assied sur des bancs pour attendre le train.

L'horaire
6 indique les heures des trains.

Au buffet
7 on mange et on boit.

Le porteur
8 porte les bagages.

Au guichet
9 on achète les billets.

Au kiosque
10 on achète des journaux, des revues et des livres.

Au bureau de renseignements
11 on pose des questions.

À la station de taxis
12 les voyageurs trouvent des taxis.

Dans le parking
13 on peut laisser son auto.

Conversation A: À la gare

Où est-ce qu'on va chercher un taxi? ...
Où est-ce qu'on cherche les heures des trains? ...
Où est-ce qu'on achète quelque chose à lire? ...
Où est-ce qu'on achète quelque chose à manger? ...
Où est-ce qu'on trouve son train? ...
Où est-ce qu'on trouve des renseignements? ...
Où est-ce qu'on laisse son auto? ...
Où est-ce qu'on laisse ses bagages? ...
Où est-ce qu'on achète les billets? ...
Où est-ce qu'on s'assied en attendant le train? ...
Qui porte les bagages? ...

Situation 25: Au guichet (1)

Kevin takes the train from Saint-Lazare Station to Rouen to visit some friends.

KEVIN: **Un billet pour Rouen, s'il vous plaît.**
L'EMPLOYÉ: Aller simple ou aller et retour?
KEVIN: **Un aller et retour.**
L'EMPLOYÉ: Première classe ou deuxième classe?
KEVIN: **Deuxième classe, s'il vous plaît.**
L'EMPLOYÉ: Voilà monsieur.

Un billet de deuxième classe.   C'est un aller pour Marseille.

Un billet de première classe.   C'est un aller et retour pour Paris

NOW YOUR TICKET

1 Ask for a ticket for Nice.   VOUS: ...
2 When you are offered a single,   L'EMPLOYÉ: Un aller simple?
  say no, a return.   VOUS: ...
3 When you are asked what class,   L'EMPLOYÉ: De quelle classe?
  say second.   VOUS: ...

Situation 26: Au guichet (2)

Kevin, planning his journey back to England, decides to buy his ticket in advance and reserve a seat as far as Calais.

NOW YOUR JOURNEY

1 Ask for a single for Le Havre.

2 Say you'd like to reserve a seat.

3 When he asks when you want to leave, say Saturday morning.

Au bureau de renseignements

EXTRA

Fit the questions to the answers. Use each *once only*.

LES VOYAGEURS:
1 Pour Dieppe, mademoiselle, c'est quel quai?
2 Est-ce qu'il y a un train plus tard, s'il vous plaît?
3 Est-ce un train direct?
4 Faut-il changer de train?
5 Mademoiselle, de quelle voie part le train pour Trouville?
6 Où est le train pour Quiberon, s'il vous plaît mademoiselle?
7 Où est-ce que je change pour la Rochelle, s'il vous plaît?

L'EMPLOYÉE:
a Mais il n'y a pas de train pour Quiberon le dimanche, monsieur.
b Oui madame, il faut changer à Caen.
c C'est quai numéro douze, monsieur.
d Vous ne changez pas, madame – c'est un train direct.
e Non monsieur, c'est le dernier train de ce soir.
f Il part de la voie numéro treize.
g Non monsieur, il faut changer à Rouen.

Situation 27:

'Mademoiselle, est-ce qu'il y a un train pour Trouville ce matin?'
'Oui, il y en a un toutes les heures.'
'Est-ce un train direct?'
'Non, il n'y a pas de trains directs pour Trouville.'
'Alors, où faut-il changer de train?'
'À Lisieux, jeune homme.'
'Merci mademoiselle.'

NOW YOUR TRAIN
1 Ask if there's a train for Boulogne-sur-Mer today.
2 Ask if it's a through train.
3 Ask where you have to change.

Situation 28:

'Oui madame?'
'À quelle heure part le train pour Angoulême?'
'Il part dans cinq minutes, madame, à dix-huit heures trente.'
'Est-ce qu'il y a un train plus tard?'
'Non madame, c'est le dernier train de ce soir.'
'C'est quel quai?'
'Quai numéro onze.'
'Merci mademoiselle.'

NOW YOUR TRAIN
1 Ask what time the train for Strasbourg leaves.
2 Ask if there's a later train.
3 Ask which platform it is.

Situation 29:

'Mademoiselle, est-ce qu'il y a un train direct pour Honfleur?'
'Non monsieur, pas le dimanche.'
'Où est-ce que je change?'
'Vous devez changer de train à Évreux.'
'Et de quelle voie part le train pour Évreux?'
'De la voie numéro treize monsieur. Bon voyage!'

NOW YOUR TRAIN
1 Ask if there's a through train for Lourdes.
2 Ask where you change.
3 When told to change at Dax, ask which track the Dax train leaves from.

Situation 30: Dans le train

Kevin checks that he's found the right train before boarding.	LE CHEF DE TRAIN :	En voiture! Attention au départ!
	KEVIN :	**Excusez-moi monsieur.**
		C'est bien le train pour Calais?
	LE CHEF DE TRAIN :	Oui, c'est ça, mais dépêchez-vous, jeune homme.
		Le train part tout de suite . . .
		En voiture! Fermez les portières!
Inside the train, Kevin looks for a compartment.	KEVIN :	**Excusez-moi madame, est-ce que ce compartiment est occupé?**
	UNE DAME :	Non, il reste une place.
	KEVIN :	**Est-ce un non-fumeur?**
	LA DAME :	Non, c'est un compartiment pour fumeurs.
Now to find which seats are free.	KEVIN :	**Excusez-moi, mademoiselle,**
		est-ce que cette place est libre?
	UNE JEUNE FILLE :	Non, elle est réservée.
	KEVIN :	**Monsieur, est-ce que cette place est libre?**
	UN HOMME :	Non, elle est à moi.
	KEVIN :	**Madame, est-ce que cette place aussi est occupée?**
	UNE DAME :	Non, elle est libre.

NOW YOUR TURN

You are travelling alone from Paris to Amiens.	VOUS :	. . .
	UNE DAME :	Oui, c'est le Paris-Calais, s'arrêtant à Amiens.
1 Ask a lady politely if it's really the train for Amiens.	VOUS :	. . .
	LA DAME :	Non, elle est libre.
2 Ask if this seat is occupied.	UN HOMME :	Est-ce que cette place est libre?
3 When a man asks if your seat is free, say no, it's yours.	VOUS :	. . .
	L'HOMME :	Je vous demande pardon.

Le contrôle des billets

First, Kevin can't find his ticket to show the inspector, then he discovers that he's on the wrong train after all.

LE CONTRÔLEUR :	Billets, s'il vous plaît.
KEVIN :	**Je ne peux pas trouver mon billet.**
LE CONTRÔLEUR :	Qu'est-ce qu'il y a, jeune homme ?
KEVIN :	**J'ai perdu mon billet . . . ah non, le voilà.**
LE CONTRÔLEUR :	Mais, ce n'est pas le bon billet !
KEVIN :	**Mais c'est bien le train pour Calais ?**
LE CONTRÔLEUR :	Pas du tout. Vous vous êtes trompé de train. Il faut changer à Arras.
KEVIN :	**À quelle heure est-ce que nous arrivons à Arras ?**
LE CONTRÔLEUR :	À vingt heures quinze.

At Arras, Kevin learns that the last train has already gone.

KEVIN :	**Excusez-moi monsieur.** **J'ai manqué le train pour Calais.** **Est-ce qu'il y a un autre train ce soir ?**
L'EMPLOYÉ :	Non monsieur, je regrette.
KEVIN :	**À quelle heure est le prochain ?**
L'EMPLOYÉ :	À sept heures du matin.
KEVIN :	**Alors, est-ce qu'il y a un hôtel près d'ici ?**
L'EMPLOYÉ :	Là-bas monsieur, en face de la gare.

Situation 31 : 'J'ai perdu mon billet'

You're travelling from Bordeaux to Paris.

1 Tell the inspector that you can't find your ticket.

2 Say you've lost your ticket.

3 Ask what time you arrive at Limoges.

Situation 32 : 'J'ai manqué le train'

You've missed the last train, so you go to the Bureau de Renseignements:

1 Say you've missed the train for Paris. Ask if there's another train this evening.

2 Ask when the next train is.

3 He says tomorrow morning, so ask if there's a hotel near here.

Conversation B: Voyager par le train

Est-ce que vous venez à l'école par le train?   ...
si 'oui':
Comment allez-vous de la maison à la gare?
(à pied? en autobus? en auto? en taxi)   **Je vais à la gare** ...
Quelle sorte de billet est-ce que vous achetez? (un aller simple, un aller et retour, ou un billet hebdomadaire?)   **J'achète** ...
Est-ce que vous perdez votre billet quelquefois?   ...
À quelle heure est-ce que le train part?   **Il part à** ...
Est-ce que vous manquez le train quelquefois?   ...
Est-ce que vous changez de train? Où?   ...
À quelle heure est-ce que vous arrivez?   **J'arrive à** ...

Conversation C: Un voyage que vous avez fait par le train

Avez-vous jamais fait un voyage par le train?   ...
si 'oui':
Où êtes-vous allé?
(à Paris? au bord de la mer? en Italie?)   **Je suis allé** ...
Comment êtes-vous allé à la gare?
(à pied? en autobus? en auto? en taxi?)   **Je suis allé à la gare** ...
Où avez-vous acheté les billets?
(au guichet? à une agence de voyages?)   **J'ai acheté les billets** ...
Combien de billets avez-vous achetés?   **J'en ai acheté** ...,
De quelle classe, première ou deuxième?   **de ... classe.**
Avez-vous acheté un journal au kiosque?   ...
À quelle heure est-ce que le train est parti?   **Il est parti à** ...

Est-ce que vous avez mangé dans le train?   ...
si 'oui':
   Où avez-vous mangé? (dans le wagon-restaurant? dans le compartiment?)   **J'ai mangé dans** ...

Est-ce que vous avez dormi dans le train?   ...
si 'oui':
   Où avez-vous dormi? (dans le wagon-lit?
sur une couchette? sur la banquette?)   **J'ai dormi** ...
Avez-vous changé de train? Où?   ...
Avez-vous perdu votre billet?   ...
À quelle heure êtes-vous arrivé à destination?   **Je suis arrivé à** ...

des couchettes

Conversation D: À la gare (2)

Comment s'appelle:
un homme qui porte les bagages?   **C'est un** ...
une boutique où l'on achète des journaux?   **C'est un** ...
le bureau où l'on demande des renseignements?   **C'est le** ...
une personne qui fait un voyage?   **C'est un** ...
un homme qui conduit le train?   **C'est un** ...
un homme qui donne le signal du départ?   **C'est un** ...
un homme qui inspecte les billets?   **C'est un** ...

Going by road

Could you carry on a
conversation about cars?

> 'Savez-vous conduire?' **'Non, je ne sais pas conduire, je suis trop
> jeune. Mais mon père sait conduire'.** 'Est-ce qu'il a une voiture,
> votre père?' **'Oui, il en a une, et ma mère aussi: une petite'.**
> 'Quelle est la marque de la voiture de votre père?' **'C'est une Austin'.**
> 'Austin, c'est une marque allemande?' **'Mais non, c'est une marque
> anglaise'.** 'Est-ce que vous aimez les voitures anglaises?' **'Oui, je les
> aime bien, mais je préfère les voitures italiennes'.** 'En Grande
> Bretagne, est-ce qu'on conduit à droite, comme en France?' **'Mais non,
> on conduit à gauche'.**

Conversation: Les voitures

Savez-vous conduire?	...
Est-ce que votre père sait conduire?	...
si 'oui':	
Est-ce qu'il conduit bien ou mal?	...
Est-ce que votre mère sait conduire?	...
si 'oui':	
Est-ce qu'elle conduit vite ou lentement?	...
Est-ce que votre père a une voiture?	...
si 'oui':	
Quelle est la marque de sa voiture?	...
C'est une marque anglaise? française? américaine?	
suédoise? allemande? italienne? suisse?	...
Est-ce que vous aimez les voitures italiennes?	...
Est-ce qu'on conduit à droite ou à gauche en Angleterre?	
Et en France, est-ce qu'on conduit à droite ou à gauche?	...

Situation 33: À la station-service

Taking Kevin on a car trip, the
Pinault family stop for petrol.

LE GARAGISTE: Bonjour monsieur. Vous désirez?
M PINAULT: **Je voudrais de l'essence.**
LE GARAGISTE: De l'ordinaire ou du super?
M PINAULT: **Du super.**
LE GARAGISTE: Bien monsieur. Par ici ... Combien de litres?
M PINAULT: **Vingt litres, s'il vous plaît.**
LE GARAGISTE: Bien sûr, monsieur.

They decide to extend the trip, so
they fill the tank and buy a road
map.

LE GARAGISTE: Monsieur?
M PINAULT: **Du super, s'il vous plaît.**
LE GARAGISTE: Combien de litres?
M PINAULT: **Oh, faites le plein.**
LE GARAGISTE: Voilà monsieur.
M PINAULT: **Est-ce que vous vendez des cartes routières?**
LE GARAGISTE: Voici une carte de cette région, monsieur. Bonne route!

Nearly home again, they need only
ten francs' worth of petrol. It's
time to have the oil and water
checked.

LE GARAGISTE: Vous voulez, monsieur?
M PINAULT: **Du super, s'il vous plaît.**
LE GARAGISTE: Je fais le plein?
M PINAULT: **Non, donnez-m'en pour dix francs seulement.**
LE GARAGISTE: Voilà monsieur.
M PINAULT: **Et vérifiez l'huile et l'eau, s'il vous plaît.**
LE GARAGISTE: Voyons ... l'huile et l'eau, ça va ... Merci monsieur, bon
voyage.

NOW YOUR TURN

On a family car journey through France, you are the only one who knows any French.

1 Ask for some *super* (the grade of petrol that most English family cars need).
2 You haven't much French currency so ask him to give you ten francs' worth only.
3 Ask if he sells road maps.

The next morning, having cashed some traveller's cheques, you prepare for a longer trip.

4 Say you'd like some petrol.
5 Tell him to fill up.
6 Ask him to check the oil and water.

LE GARAGISTE: De l'ordinaire ou du super?

VOUS:

LE GARAGISTE: Je vous fais le plein?

VOUS:

LE GARAGISTE: Oui. C'est tout?

VOUS:

LE GARAGISTE: Mais oui. En voilà une.

LE GARAGISTE: Bonjour. Vous désirez?

VOUS:

LE GARAGISTE: Combien de litres?

VOUS:

LE GARAGISTE: Voilà, j'ai fait le plein. C'est tout?

VOUS:

Situation 34: En panne

YOUR TURN AGAIN

A breakdown during the same family car trip. Phone a garage.

1 Ask if they do repairs.
2 Say your car has broken down, and ask if they can send a mechanic.
3 Say you are on the Route Nationale 6 near Lyon in a red Ford.
4 When he asks what's wrong, say you don't know exactly and ask if he can help you.

LE GARAGISTE: Allô, ici le garage Antar.
VOUS: . . .
LE GARAGISTE: Mais oui.
VOUS: . . .
LE GARAGISTE: Où êtes-vous?
VOUS: . . .
LE GARAGISTE: Et qu'est-ce qu'il y a?
VOUS: . . .
LE GARAGISTE: Je viens tout de suite.

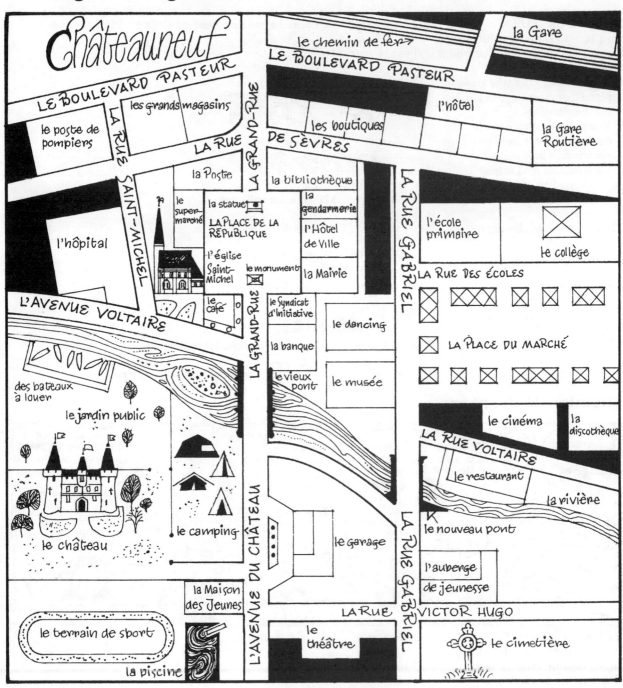

Châteauneuf

le chemin de fer→ · la Gare · LE BOULEVARD PASTEUR · l'hôtel · la Gare Routière · LE BOULEVARD PASTEUR · les grands magasins · LA RUE SAINT-MICHEL · LA RUE · DE SÈVRES · les boutiques · la Grand-Rue · le poste de pompiers · la Poste · la bibliothèque · LA RUE GABRIEL · le super-marché · la statue · la gendarmerie · l'école primaire · le collège · LA PLACE DE LA RÉPUBLIQUE · l'hôpital · l'Hôtel de Ville · l'église Saint-Michel · le monument · la Mairie · LA RUE DES ÉCOLES · L'AVENUE VOLTAIRE · le café · le Syndicat d'Initiative · le dancing · LA PLACE DU MARCHÉ · des bateaux à louer · la banque · le vieux pont · le musée · le jardin public · le cinéma · la discothèque · LA RUE VOLTAIRE · le restaurant · la rivière · le château · le camping · L'AVENUE DU CHÂTEAU · le garage · LA RUE GABRIEL · le nouveau pont · l'auberge de jeunesse · la Maison des Jeunes · le terrain de sport · LA RUE VICTOR HUGO · le théâtre · le cimetière · la piscine

---

Think of the ten places you would most probably want to find if you came to stay in Châteauneuf, and work out how you would ask the way there.

Exemples
Pour aller **à la** banque, s'il vous plaît?
Pour aller **au** jardin public, s'il vous plaît?

What is there to see?

The best place to obtain information about a French town is at le **Syndicat d'Initiative**, which is usually situated in the town centre. Ask for a free plan of the town or a map of the region. You can also find out about entertainments, accommodation, restaurants, transport, places of interest and sports facilities, or buy tickets for coach trips to local beauty spots and historic sites. These tours often start outside the Syndicat d'Initiative.

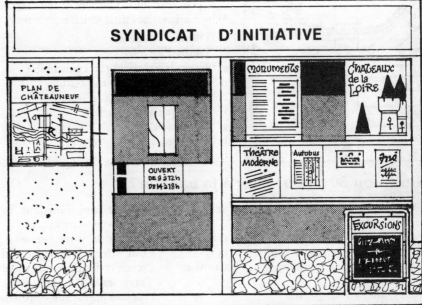

Imagine you have just arrived in Dinard. Decide how you are travelling and who with. Then think of five questions to ask in the Syndicat d'Initiative.

Situation 35: Dans le Syndicat d'Initiative

Kevin goes into the Syndicat d'Initiative at Châteauneuf for a map, and makes a few enquiries.

L'EMPLOYÉ :	Bonjour monsieur. Soyez le bienvenu à Châteauneuf.
KEVIN :	**Merci monsieur. Avez-vous un plan de la ville, s'il vous plaît, ou une carte de la région?**
L'EMPLOYÉ :	J'ai un plan de Châteauneuf – le voilà. Mais je n'ai pas de carte en ce moment.
KEVIN :	**Qu'est-ce qu'il y a ici pour les jeunes gens?**
L'EMPLOYÉ :	Il y a une Maison des Jeunes, une discothèque et un terrain de sport.
KEVIN :	**Est-ce qu'il y a de beaux monuments?**
L'EMPLOYÉ :	Oui, il y a le vieux château et la vieille église Saint-Michel.

NOW YOUR TURN

In the Syndicat d'Initiative,
1 Ask the employee if he has a plan of the town.
2 Ask what there is here for young people.
3 Ask if there are any sights.

Work out the answers you would give if you were asked these questions by a young French visitor to *your* town.

Asking the way

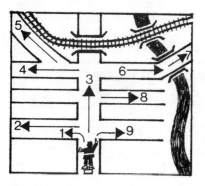

The policeman at the bottom of the diagram is helping lost tourists.
Which arrow goes with which instruction?

a 'Tournez à gauche.'
b 'Tournez à droite.'
c 'Prenez la première rue à gauche.'
d 'Prenez la deuxième rue à droite.'
e 'Prenez la troisième rue à gauche.'
f 'Suivez le chemin de fer.'
g 'Allez jusqu'au pont.'
h 'Allez tout droit.'
i 'Traversez le pont.'

Situation 36: 'Pour aller à la banque?'

The plan on page 40 shows the centre of Châteauneuf, the nearest town to Dominique's home. While staying with Dominique's family, Kevin often comes into town alone.

Today, after arriving at the bus station, he must get to the bank to cash some traveller's cheques.

BANQUE

KEVIN:	**Excusez-moi monsieur, je me suis perdu.**
	Pouvez-vous m'aider?
UN HOMME:	Avec plaisir, jeune homme. Qu'est-ce qu'il y a?
KEVIN:	**Pour aller à la banque, s'il vous plaît?**
L'HOMME:	Prenez la deuxième rue à gauche – c'est la grand-rue.
	Traversez la place de la République,
	et la banque est sur votre gauche, en face du café.
KEVIN:	**Merci monsieur.**
L'HOMME:	Je vous en prie.

KEVIN:	**Excusez-moi monsieur. Quelle est cette rue?**
UN PASSANT:	C'est la grand-rue.
KEVIN:	**C'est bien la route pour la banque?**
LE PASSANT:	Mais oui. Continuez tout droit.
KEVIN:	**Merci bien monsieur.**
LE PASSANT:	De rien.

NOW YOUR TURN

You want to get from Châteauneuf station to the campsite:

1 Tell a station official you are lost, and ask if he can help you.
2 Ask the way to the campsite.
3 Say thank you.

VOUS:	...
L'EMPLOYÉ DE LA GARE:	Mais oui. Où est-ce que vous allez?
VOUS:	...
L'EMPLOYÉ DE LA GARE:	Eh bien, vous suivez le boulevard Pasteur,
	prenez la première rue à gauche,
	descendez la grand-rue, traversez le pont,
	et le camping est sur votre droite.
VOUS:	...
L'EMPLOYÉ DE LA GARE:	Je vous en prie.

On the way, check – you don't want to walk further than you have to with all your gear:

4 Ask a passer-by what this road is.
5 Ask if it's really the route to the campsite.
6 Say thank you very much.

VOUS:	...
LE PASSANT:	C'est la place de la République.
VOUS:	...
LE PASSANT:	Oui, c'est ça. Traversez le pont là-bas,
	et prenez la première rue à droite.
VOUS:	...
LE PASSANT:	De rien.

 Take the part of **l'employé de la gare** and **le passant**, reading only the map on page 40 to give your directions.

Situation 37: Où est le marché?

It's market day in Châteauneuf. Kevin asks the policeman in the Place de la République where the market is.

NOW YOUR TURN

You want to get from the Place de la République to the hospital in the Rue Saint-Michel:

1 Interrupt the policeman and ask where the hospital is.
2 Ask what comes after that.
3 Thank him.

L'AGENT: Oui, jeune homme?
KEVIN: **Pardon, monsieur l'agent. Où est le marché, s'il vous plaît?**
L'AGENT: Eh bien, entrez dans la grand-rue là-bas,
et prenez la première rue à droite, la rue de Sèvres.
KEVIN: **Oui monsieur, et après?**
L'AGENT: Et puis tournez à droite dans la rue Gabriel, continuez un peu, et vous trouverez la place du Marché sur votre gauche.
KEVIN: **Merci monsieur l'agent.**
L'AGENT: De rien. À votre service.

VOUS: ...
L'AGENT: Entrez dans la grand-rue en face,
et prenez la première rue à gauche, la rue de Sèvres.
VOUS: ...
L'AGENT: Et puis tournez à gauche dans la rue Saint-Michel,
et vous trouverez l'hôpital sur votre droite.
VOUS: ...
L'AGENT: À votre service.

Situation 38: Décrivez la route

You are the policeman on duty in the Place de la République. Use the map on page 40 to direct enquirers.

UN VOYAGEUR

UN JEUNE HOMME

UNE DAME

UN GROS MONSIEUR

UNE MÈRE

UN GARÇON

UNE JEUNE FEMME

UN CURÉ

UN AUTOMOBILISTE

UNE JEUNE FILLE

UN POMPIER

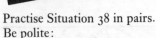

EXTRA

Practise Situation 38 in pairs.
Be polite:
'Excusez-moi, monsieur.'
'Pardon, monsieur l'agent.'
'Merci, monsieur l'agent.'
'Avec plaisir.'
'De rien.'
'À votre service.'
'Je vous en prie.'

Is it far from here?

Six visitors are asking about distance and transport. Fit each question to a suitable answer. (You may find more than one.)

a Le camping, est-ce très loin d'ici?
b L'Hôtel Moderne, est-ce près d'ici?
c C'est à combien de kilomètres d'ici?
d Est-ce qu'on peut aller au château à pied?
e Est-ce qu'il faut prendre l'autobus?
f Dans quelle direction?

1 C'est à huit kilomètres d'ici.
2 Par ici.
3 Oui, on peut y aller à pied.
4 Mais non, ce n'est pas très loin.
5 Oui, c'est tout près.
6 Oui, il faut prendre l'autobus.

Situation 39: 'Est-ce loin d'ici?' (1)

Dominique has got lost taking Kevin to the great Paris museum, the Louvre.

DOMINIQUE: **Pardon monsieur l'agent, le Louvre, est-ce loin d'ici?**
L'AGENT: C'est à cinq cent mètres.
DOMINIQUE: **Est-ce qu'il faut prendre le métro?**
L'AGENT: Ce n'est pas nécessaire, vous pouvez y aller à pied.
DOMINIQUE: **Dans quelle direction?**
L'AGENT: Par ici . . . continuez tout droit jusqu'aux feux, et puis tournez à gauche.
DOMINIQUE: **Merci monsieur l'agent.**
L'AGENT: À votre service, jeune homme.

NOW YOUR TURN

You want to see the Arc de Triomphe in Paris, but you're already tired. So you ask if it's much further.

1 Ask a policeman if the Arc de Triomphe is far from here.
2 Ask if you need to take the métro.
3 When you are advised to go on foot, ask in what direction.
4 Thank him.

VOUS: . . .
L'AGENT: Non, c'est tout près d'ici.
VOUS: . . .
L'AGENT: Non, ce n'est pas la peine. Allez-y à pied.
VOUS: . . .
L'AGENT: Continuez tout droit jusqu'à la Place de Gaulle.
VOUS: . . .
L'AGENT: De rien.

Situation 40: 'Est-ce loin d'ici?' (2)

Arriving in a strange town, Kevin and Dominique find out how far it is to the Youth Hostel.

DOMINIQUE: **Pardon monsieur, l'auberge de jeunesse, est-ce près d'ici?**
LE MONSIEUR: Non, c'est assez loin.
DOMINIQUE: **Est-ce qu'on peut y aller à pied?**
LE MONSIEUR: Non, il faut prendre l'autobus.
DOMINIQUE: **C'est à combien de kilomètres d'ici?**
LE MONSIEUR: C'est à cinq kilomètres.
DOMINIQUE: **Merci monsieur.**

NOW YOUR TURN
While hitchhiking through France, you are dropped in a town centre and you have to ask for a campsite.

1 Ask a man if the campsite is near here.
2 Ask if one can go there on foot.
3 Ask how many kilometres away it is.

Talk about your town

Conversation A: Votre ville

Read Dominique's account of Châteauneuf, then answer the questions underneath about your own town.

Comment s'appelle cette ville?	Elle s'appelle Châteauneuf.
Comment est-elle?	C'est une petite ville historique.
Quels monuments historiques y a-t-il?	Il y a le château, le vieux pont et la vieille église.
Qu'est-ce qu'il y a pour les gens sportifs?	Il y a un terrain de sport, une piscine et un camping.
Où est-ce qu'on va pour s'amuser?	On va au théâtre ou au cinéma.
Combien de bibliothèques y a-t-il?	Il y en a une.
Comment sont les magasins?	Les magasins au centre de la ville sont grands et modernes.
Est-ce qu'il y a un Opéra?	Non, il n'y a pas d'Opéra, mais il y a un théâtre.

Comment s'appelle votre ville? ...
Comment est-elle? (grande? petite? importante? industrielle? touristique? pittoresque? moderne? historique?) ...
Quels monuments historiques y a-t-il? (une vieille église? un château? une statue? une cathédrale? un palais? une vieille maison? un vieux port? un musée? une abbaye?) **Il y a ...**
Qu'est-ce qu'il y a encore? (un marché? une gendarmerie? une université? un hôpital? des docks? des usines?) **Il y a ...**
Qu'est-ce qu'il y a pour les gens sportifs? (un terrain de sport? un terrain de golf, de tennis ou de football? une patinoire? un camping? une piscine? des bateaux à louer?) ...
Où est-ce qu'on va pour s'amuser? (au cinéma? au théâtre? à l'opéra? au dancing? à la discothèque? au club? à la Maison des Jeunes? au jardin public?) **On va ...**
Comment sont les magasins? (grands? petits? nombreux? modernes? vieux?) **Ils sont ...**
Combien de cinémas y a-t-il? **Il y en a ...**
Est-ce qu'il y a un Hôtel de Ville? ...

Conversation B: Les routes

Read Kevin's description of how he gets to Châteauneuf castle.

Je **prends** le train **jusqu'à** Châteauneuf. Je prends la première rue **à gauche.** C'est la grand-rue. Je **vais tout droit, jusqu'à** la Place de la République. Je **traverse** la rivière par le vieux pont **à côté de** la banque. Je **tourne à droite, en face du** garage, et le château est **devant** moi.

Maintenant, décrivez la route
de votre maison à l'arrêt d'autobus: **Je ...**   de l'école à la gare: **Je ...**
de votre maison à un garage: **Je ...**   de l'école à un cinéma: **Je ...**
de votre maison à un supermarché: **Je ...**   de l'école à la Poste: **Je ...**

Conversation C: Les distances

Est-ce que votre maison est près de l'école?   ...
Est-ce qu'on peut y aller à pied?   ...
Votre école, est-elle loin du centre de la ville?   ...
Est-ce qu'il faut prendre l'autobus?   ...
Est-ce qu'il y a une gare près d'ici?   ...
Dans quelle direction?   ...
La mer est à combien de kilomètres d'ici?   ...
C'est combien de kilomètres d'ici à Londres?   ...

Money

L'argent français: il y a cent
centimes dans un **franc**.
L'argent anglais: il y a cent
pence dans une **livre sterling**.

Voici **un billet** ...

... et voici **des pièces de monnaie**:

Conversation A: L'argent

Combien de centimes y a-t-il dans un franc français?   **Il y a ...**
Combien de pence y a-t-il dans une livre anglaise?   **Il y a ...**

Situation 41: À la caisse

Kevin enquires about prices.

KEVIN:	**C'est combien, la boîte de chocolats s'il vous plaît, madame?**
LA VENDEUSE:	C'est dix francs la boîte.
KEVIN:	**C'est trop cher.** **Avez-vous quelque chose de moins cher?**
LA VENDEUSE:	Les bonbons sont à huit francs le kilo. Vous en voulez un paquet?
KEVIN:	**Oui s'il vous plaît. Ça fait combien?**
LA VENDEUSE:	Ça fait deux francs.
KEVIN:	**Voici un billet de dix francs.**
LA VENDEUSE:	Et voilà votre monnaie, monsieur.

NOW YOUR TURN
You are buying some French perfume to take home to your mother.

1 Ask the salesgirl how much a
bottle of perfume (**un flacon de
parfum**) is.

2 Say it's too dear, and ask if she
has anything cheaper.

3 When she suggests a smaller
bottle, say yes please and ask
how much it comes to.

4 Offer her a ten franc note.

Conversation B:
L'argent de poche

Papa me donne 50 pence d'argent de poche par semaine.

Je le dépense tout de suite.

J'achète des bonbons, des vêtements et des disques.

Je gagne mon argent de poche.
Je reçois une livre par semaine.

Je fais des économies.

Je veux acheter un vélomoteur.

Est-ce que papa vous donne votre argent de poche, ou est-ce que vous le gagnez? …
Est-ce que vous le dépensez tout de suite? …
si 'oui':
  Qu'est-ce que vous achetez? **J'achète …**
Est-ce que vous faites des économies? …
si 'oui':
Pourquoi? Qu'est-ce que vous voulez acheter? **Je veux acheter …**

Situation 42 : À la banque

You can cash traveller's cheques and change money at any **bureau de change**. These are in banks, main stations, airports, cross-channel terminals and similar places. When cashing traveller's cheques, don't forget your passport.

In a bank, you will probably present your cheques or cash at the **guichet** marked **CHANGE**, then collect your money at the cashdesk.

NOW YOUR TURN
In a French bank,
1 Ask a clerk whether there is a change desk here.
2 Say you'd like to cash a traveller's cheque.

3 Show him your passport, then say you'd like to change these English pounds into francs.
4 Thank him.

Kevin changes some currency, and cashes a traveller's cheque.

KEVIN:	**Pardon mademoiselle, est-ce qu'il y a un bureau de change ici?**
UNE EMPLOYÉE:	Oui monsieur, allez au guichet là-bas.
UN EMPLOYÉ:	Vous désirez, monsieur?
KEVIN:	**Je voudrais toucher un chèque de voyage.**
L'EMPLOYÉ:	Très bien monsieur. Vous avez votre passeport?
KEVIN:	**Voilà monsieur. Et je voudrais changer ces livres anglaises en francs.**
L'EMPLOYÉ:	Oui monsieur. Signez ici, s'il vous plaît … Maintenant, présentez ce morceau de papier à la caisse.
KEVIN:	**Merci monsieur.**

Shops and shopping

l'épicier le boucher le boulanger le crémier le charcutier

À l'épicerie

French housewives prefer to cook in **l'huile** instead of lard or margarine.
Le vinaigre is important as an ingredient of salad dressings.
L'eau minérale is drunk with meals.

Chez l'épicier on achète des provisions :

du thé et du café

du sel et du poivre

du miel et de la confiture

des oeufs et de la farine

de l'huile et du vinaigre

du beurre, du sucre, des biscuits,
de l'eau minérale et de la limonade

À la boucherie et à la charcuterie

Two kinds of shop sell meat:
la boucherie is an ordinary butcher's; **la charcuterie** sells cooked meats and pork. Sometimes the two are combined as **une boucherie-charcuterie**.

Chez le boucher et chez le charcutier on achète de la viande :

à la boucherie :
du boeuf,   du veau,
de l'agneau,   du poulet.

à la charcuterie :
du pâté,   du porc,
du saucisson,   du jambon.

À la boulangerie

Sometimes the baker's is also a cake-shop. It is then called **une boulangerie-pâtisserie**.

Chez le boulanger on achète du pain :

une flûte    un croissant

une baguette   un petit pain

À la pâtisserie

If the shop is **une pâtisserie-confiserie**, it also sells **des bonbons, des chocolats, des glaces**.

Chez le pâtissier on achète des gâteaux :
des tartes,
des éclairs,
des babas au rhum.

À la crémerie

Chez le crémier on achète

du lait

de la crème

du beurre

du yaourt

du fromage

des fromages:

du Camembert

du Demi-Sel

du Brie

du Saint-Paulin

Au tabac

Sometimes **le tabac** is also a café; then it's called **un café-tabac**. Note that you can buy stamps here.

Au tabac on achète:

du tabac

des cigarettes

des allumettes

des cartes postales

des timbres

des briquets

Au marché

EXTRA

Exemple:
'Vous voulez **des** oeufs, monsieur?'
'Oui, je voudrais une douzaine **d'**oeufs'

un litre		oeufs
deux kilos		pommes de terre
une boîte		jambon
une bouteille		farine
cent grammes	de	petits pois
trois tranches	d'	eau
une douzaine		
un paquet		huile
un pot		confiture
		sardines

Sur l'étalage du marchand de fruits:

Sur l'étalage du marchand de légumes:

C'est quel numéro?

LES FRUITS:

des pêches	du raisin
des pommes	des cerises
des oranges	un melon
des poires	des citrons
des bananes	un ananas

LES LÉGUMES:

des carottes	des oignons
des tomates	un chou
une laitue	des petits pois
un chou-fleur	des champignons
du céleri	des pommes de terre
un concombre	des haricots

Les magasins et les marchandises

Conversation A :

Où est-ce qu'on achète du thé?
On achète du thé à l'épicerie.

Où est-ce qu'on achète du lait?
Où est-ce qu'on achète des timbres?
Où est-ce qu'on achète des légumes?
Où est-ce qu'on achète du jambon?
Où est-ce qu'on achète des gâteaux?
Où est-ce qu'on achète des oeufs?
Où est-ce qu'on achète du veau?
Où est-ce qu'on achète des fruits?

Conversation B :

Qu'est-ce qu'on achète à la boulangerie?
À la boulangerie on achète du pain.

Qu'est-ce qu'on achète à l'épicerie?
Qu'est-ce qu'on achète au marché?
Qu'est-ce qu'on achète à la crémerie?
Qu'est-ce qu'on achète chez le boucher?
Qu'est-ce qu'on achète chez le charcutier?
Qu'est-ce qu'on achète à la pâtisserie?
Qu'est-ce qu'on achète au tabac?
Qu'est-ce qu'on achète à la confiserie?

Conversation C :

Qui vend du lait?
C'est le crémier.

Qui vend de la viande?
Qui vend de la farine?
Qui vend des oranges?
Qui vend des croissants?

Conversation D :

Comment s'appelle le magasin où l'on achète du pain?
C'est la boulangerie.

Comment s'appelle le magasin où l'on achète du beurre?
Comment s'appelle le magasin où l'on achète du Brie?
Comment s'appelle le magasin où l'on achète des éclairs?
Comment s'appelle le magasin où l'on achète des cigarettes?

Conversation E

Où peut-on acheter du sucre?
On peut acheter du sucre à l'épicerie.

Où peut-on acheter du thé?
Où peut-on acheter des cartes postales?
Où peut-on acheter des petits pains?
Où peut-on acheter du céleri?
Où peut-on acheter du saucisson?

Conversation F

Qu'est-ce qu'on peut acheter dans une boulangerie?
Dans une boulangerie on peut acheter du pain.

Qu'est-ce qu'on peut acheter dans une épicerie?
Qu'est-ce qu'on peut acheter dans une boucherie?
Qu'est-ce qu'on peut acheter dans un tabac?
Qu'est-ce qu'on peut acheter dans une charcuterie?
Qu'est-ce qu'on peut acheter dans une pâtisserie?

Conversation G

Pourquoi va-t-on chez le boulanger?
On va chez le boulanger pour acheter du pain.

Pourquoi va-t-on chez le boucher?
Pourquoi va-t-on au tabac?
Pourquoi va-t-on à la confiserie?
Pourquoi va-t-on au marché?
Pourquoi va-t-on chez l'épicier?

Conversation H

Où est-ce qu'on va pour acheter de l'huile?
Pour acheter de l'huile on va à l'épicerie.

Où est-ce qu'on va pour acheter des bonbons?
Où est-ce qu'on va pour acheter du pâté?
Où est-ce qu'on va pour acheter du fromage?
Où est-ce qu'on va pour acheter des allumettes?
Où est-ce qu'on va pour acheter du boeuf?

Situation 43:
Au marché

Mme Pinault does her shopping on market day, far preferring **le marché** to **le supermarché** or **le self-service**.

'Bonjour madame.
Que voulez-vous?'
'Je voudrais un chou, monsieur.'
'Oui madame. Et avec ça?'
'Et donnez-moi aussi des tomates.'
'Combien en voulez-vous, madame?'
'Cent grammes, s'il vous plaît.'
'Voilà, madame.'
'Merci monsieur.'

NOW YOUR TURN
In the butcher's,
1 Say you'd like some steak **(du bifteck).**
2 Ask him to give you some lamb as well.
3 When he asks how much you want, say 500 grammes.

Situation 44:
À la pâtisserie-confiserie

Kevin goes in to buy a chocolate puff pastry, and also asks if they sell bread.

'Et pour vous, monsieur?'
'Bonjour madame. Je voudrais un gâteau que j'ai vu dans la vitrine.'
'Celui-ci, monsieur?'
**'Oui, c'est ça.
Comment s'appelle-t-il?'**
'C'est une religieuse.'
'Est-ce que vous vendez aussi du pain, madame?'
'Mais non, monsieur. Il faut aller à la boulangerie.'

NOW YOUR TURN
1 Say you'd like some sweets that you've seen in the window.
2 Tell him that's it.
   Ask what they are called.
3 Ask if he sells ice-creams as well.
'Bonjour. Qu'y a-t-il pour votre service?' '...'
'Ces bonbons-ci?' '...'
'Ce sont des dragées'. '...'
'Mais oui, les voilà'.

Situation 45:
À la crémerie

Dominique is sent on an errand to the dairy.

'Vous désirez, monsieur?'
'Je voudrais une bouteille de lait, un pot de yaourt et du fromage.'
'Bien monsieur. Quel fromage?'
'Du Camembert, s'il vous plaît.'
'Voilà. Désirez-vous autre chose?'
'Non, c'est tout. Ça fait combien?'
'Ça fait quatre francs dix, monsieur.'

NOW YOUR TURN
1 Ask for some cream, some yoghourt, and some cheese.
2 When asked which cheese you want, say some Brie.
3 When asked if you want anything else, say no, that's all, and ask how much that comes to.

The department store

Situation 46: Au grand magasin (1)

Buying presents for his family, Kevin decides on a record for his sister.

UNE VENDEUSE:	Vous désirez, monsieur?
KEVIN:	**Où est le rayon des disques, s'il vous plaît?**
LA VENDEUSE:	Au deuxième étage, monsieur.

In the record department

KEVIN:	**Je voudrais écouter ce disque, s'il vous plaît.**
UNE VENDEUSE:	Oui monsieur, asseyez-vous là-bas . . . Alors, vous le prenez?
KEVIN:	**Oui, je le prends. Et maintenant je dois acheter quelque chose pour ma mère.**
LA VENDEUSE:	Un vase, peut-être?
KEVIN:	**Ah oui. Où sont les vases?**
LA VENDEUSE:	Il faut descendre au sous-sol.

In the basement

UN VENDEUR:	Oui, monsieur?
KEVIN:	**Je voudrais voir des vases, s'il vous plaît.**
LE VENDEUR:	Certainement monsieur . . . Celui-ci?
KEVIN:	**Non, il est trop grand.**
LE VENDEUR:	Celui-ci alors?
KEVIN:	**Oui, celui-ci. Mais avez-vous la même chose en jaune?**
LE VENDEUR:	Voilà monsieur.

NOW YOUR TURN You are buying presents in a big department store.

1 Tell a salesgirl you must buy something for your sister.

2 Ask where the record department is.

3 Say you'd like to listen to this record.

4 Say you'll take it.

Situation 47: Au grand magasin (2)

You are in the store's gift department, buying a vase for your mother.

1 Say you'd like to see some vases.

2 Say it's too big

3 Say yes, this one. But ask if they have the same thing in yellow.

In the post office

The Post Office is called **la Poste**, **le bureau de poste**, or **P et T** (**Postes et Télécommunications**) but many people call it by its older name, **P.T.T.** (**Postes, Télégraphes, Téléphones**).

Situation 48: À la poste (1)

Kevin sends a telegram home to say he has arrived safely.

> The counter is divided into various **guichets** dealing with parcels, telegrams, savings, postal orders and so on.

KEVIN:	**Pardon monsieur. Pour les télégrammes, c'est quel guichet?**
L'EMPLOYÉ:	Par là, monsieur. C'est le guichet marqué 'Télégraphe'.
KEVIN:	**Où ça?... Ah oui, merci monsieur.**
KEVIN:	**Je voudrais envoyer un télégramme en Angleterre.**
UN EMPLOYÉ:	Alors, il faut remplir un formulaire.
KEVIN:	**Où sont les formulaires, s'il vous plaît?**
L'EMPLOYÉ:	Les voilà, sur le comptoir là-bas.
KEVIN:	**Merci monsieur.**

NOW YOUR TURN

1 Ask a post office worker which section it is for telegrams.

2 Say you want to send a telegram to England.

3 Ask where the forms are.

Situation 49: À la poste (2)

A few days later, Kevin is back with cards and a present to send.

> To send a parcel abroad, you must state the contents on an official label for the Customs.

KEVIN:	**C'est combien pour envoyer une carte postale en Angleterre?**
L'EMPLOYÉ:	Quatre-vingts centimes, monsieur.
KEVIN:	**Alors, je voudrais quatre timbres à quatre-vingts centimes.**
L'EMPLOYÉ:	Ça fait trois francs vingt.
KEVIN:	**J'ai aussi un paquet pour l'Angleterre.**
L'EMPLOYÉ:	Oui monsieur. Remplissez cette formule de déclaration en douane.

NOW YOUR TURN

1. Ask how much it is to send a letter (**une lettre**) to England.

2 Say you'd like three stamps at one franc twenty.

3 Say you've also got a parcel for England.

Free time

Your choices

Conversation A:
Aimez-vous ... ?

Aimez-vous regarder la télévision? ...
Est-ce que vous aimez faire du camping? ...
Aimez-vous le jardinage? ...
Est-ce que vous aimez faire des promenades à la campagne? ...
Aimez-vous faire des promenades en vélo? ...
Est-ce que vous aimez aider votre mère? ...
Aimez-vous rester au lit? ...
Est-ce que vous aimez la musique moderne? ...
Aimez-vous jouer dans la neige? ...
Est-ce que vous aimez les sports? ...

Conversation B:
Préférez-vous ... ?

Préférez-vous la ville ou la campagne? ...
Est-ce que vous préférez le cinéma ou le théâtre? ...
Préférez-vous écouter la radio ou regarder la télévision? ...
Quels films préférez-vous, les policiers ou les westerns? ...
Quand vous n'avez pas de travail, préférez-vous rester à la maison ou sortir? ...

Conversation C:
Savez-vous ... ?

Savez-vous jouer au tennis? ...
Savez-vous dresser une tente? ...
Savez-vous nager? ...
Savez-vous jouer de la guitare? ...
Savez-vous réparer un poste de télévision? ...
Savez-vous faire une omelette? ...

Conversation D:
Allez-vous ... ?

Allez-vous souvent au cinéma? ...
Allez-vous à la pêche quelquefois? ...
Allez-vous à l'école le dimanche? ...
Et est-ce que vous y allez le lundi? ...

Weather and seasons

  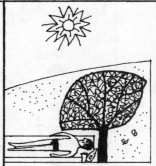 

EN HIVER
Il fait froid en hiver.
Il **neige** quelquefois et
il **gèle**.

AU PRINTEMPS
Il fait **mauvais** quel-
quefois au printemps.
Il fait du **vent** et il **pleut**.

EN ÉTÉ
Il fait **beau** en été.
Il fait **chaud** et
il fait du **soleil**.

EN AUTOMNE
Il fait du brouillard
en automne.

Conversation A: Le temps qu'il fait

Au contraire,
il ne fait **pas** ...
il ne pleut **pas**.
il ne neige **pas**.

Quel temps fait-il aujourd'hui?   Aujourd'hui il ...
Quel temps fait-il en été?   En été il ...
Quel temps fait-il en hiver?   En hiver il ...
Est-ce qu'il fait beau maintenant?   ...
Est-ce qu'il pleut en ce moment?   ...

Conversation B: Le temps qu'il a fait

Au passé,
il a fait ...
il a plu.
il a neigé.

Quel temps a-t-il fait hier?   Il a ...
Est-ce qu'il a plu samedi dernier?   ...
Est-ce qu'il a neigé à Noël cette année?   ...
Est-ce qu'il a fait du vent hier soir?   ...
Est-ce qu'il a fait beau pendant les grandes vacances l'année dernière?   ...

Conversation C: Les saisons

En quelle saison sommes-nous maintenant?   Nous sommes ...
En quelle saison fait-il le plus chaud?   Il fait le plus chaud ...
En quelle saison est-ce qu'il neige, en général?   En général il neige ...
En quelle saison voit-on des tulipes?   On voit des tulipes ...
Quand est-ce qu'il fait du soleil en Angleterre?   En Angleterre, il fait du
soleil ...
Pourquoi portez-vous un manteau en hiver?   Je porte un manteau en
hiver parce que ...
Pourquoi va-t-on en vacances en été?   On va en vacances en été parce
que ...

Sport

Conversation A : Les sports

Aimez-vous les sports? ...
Quel est votre sport préféré? **J'aime ...**
Préférez-vous jouer ou regarder? **Je préfère ...**
Vous êtes très sportif? ...
Êtes-vous membre d'une équipe? ...
si 'oui' : De quelle équipe? **Je suis membre de l'équipe de ...**

Conversation B : Le football

Jouez-vous souvent au football? ...
si 'oui' :
Où jouez-vous?
(au parc? à l'école? au club? au stade? dans la rue?) **Je joue ...**

Conversation C : Le rugby

Est-ce que vous aimez jouer au rugby? ...
si 'oui' : Au rugby à 13 ou au rugby à 15? **Au rugby à ...**

Conversation D : La natation

Savez-vous nager? ...
si 'oui' :
Où est-ce que vous nagez?
(dans un lac? dans une rivière? dans la mer? dans une piscine?)
Je nage dans ...
Savez-vous aussi plonger? ...

Conversation E : L'athlétisme

Est-ce que vous aimez l'athlétisme? ...
si 'oui' : Qu'est-ce que vous aimez faire? **J'aime ...**

la course
de 100 mètres   la course
de haies   la course
de relais   le lancement
du javelot   le saut
à la perche   le saut
en longueur   le saut
en hauteur

Conversation F: La pêche

Allez-vous quelquefois à la pêche? …
si 'oui' :
Avez-vous une canne à pêche? …
Est-ce que vous attrapez de petits poissons ou de gros poissons? **J'attrape** …
Où est-ce que vous pêchez? (dans un lac? dans une rivière? au bord de la mer?)
Je pêche …

Conversation G: Les sports d'hiver

le ski

les courses
de bobsleigh

le patinage

Savez-vous faire du ski? …
si 'oui' :
  Est-ce que vous descendez vite? …
Aimez-vous regarder les sports d'hiver à la télévision? …
si 'oui' :
  Quel sport d'hiver préférez-vous regarder? **Je préfère regarder** …
Savez-vous patiner? …
si 'oui' :
  Faites-vous le patinage à roulettes ou le patinage à glace? **Je fais le** …
  Est-ce qu'il y a une patinoire près d'ici? …
Est-ce que vous nagez pendant l'hiver? …

Conversation H: Les sports d'été

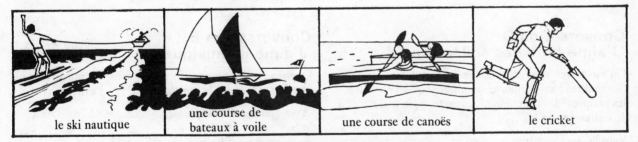

le ski nautique

une course de
bateaux à voile

une course de canoës

le cricket

Quel sport d'été préférez-vous? **J'aime** …
Quel est le sport favori des Anglais en été? **C'est** …
Allez-vous nager quand il fait chaud? …
Savez-vous faire du ski nautique? …

Conversation I: Les saisons et les sports

En quelle saison est-ce qu'on fait du ski? **On fait du ski** …
En quelle saison est-ce qu'on joue au cricket? **On joue au cricket** …
Aimez-vous l'hiver? …
si 'oui' :
Pourquoi? (Vous aimez les sports d'hiver?
Vous aimez faire des boules de neige?) **Parce que j'aime** …

Free time at home

Conversation A: Les passe-temps

Quel est votre passe-temps favori? . . . .

| Decide which of these applies to you, then move to the appropriate conversation |

J'aime m'occuper de mes animaux   Conversation B
J'aime regarder la télévision   Conversation C
J'aime faire des collections   Conversation D
J'aime la musique   Conversation E
J'aime lire   Conversation F
J'aime le jardinage   Conversation G
J'aime les jeux   Conversation H
J'aime écouter la radio   Conversation I
J'aime le bricolage (handicraft)   Conversation J

Conversation B: 'J'aime m'occuper de mes animaux'

Combien d'animaux avez-vous?   **J'en ai ...**

Qu'est-ce que vous avez?
(un chat? une souris? un cochon d'Inde? un chien?
un cheval? un oiseau? une tortue? un lapin? un hamster?
un poisson?)   **J'ai ...**

Comment s'appellent vos animaux?   ...
De quelle couleur sont-ils?   ...

Qui donne à manger aux animaux?   ...
Qui nettoie les cages?   ...

Quel animal domestique préférez-vous?   **Je préfère les ...**

Conversation C: 'J'aime regarder la télévision'

Avez-vous un poste de télévision chez vous?   ...
Est-ce qu'il est en noir et blanc, ou en couleurs?
Il est en ...
Est-ce que vous regardez souvent la télévision?   ...
Combien d'heures par jour est-ce que vous la
regardez?   **Je la regarde ... heures par jour.**
Aimez-vous regarder les sports à la télévision?   ...
Et votre mère, est-ce qu'elle aime regarder les
sports?   ...
Quelle sorte de programme aimez-vous? (les films?
les sports? les dessins animés? les westerns? les
actualités? les reportages? les variétés? la publicité?
les discussions? les programmes de disques?)   **J'aime les ...**
Et quelle sorte de programme trouvez-vous ennuyeux?
Je trouve ennuyeux les ...
Comment s'appelle votre programme favori?
Il s'appelle ...

Conversation D: 'J'aime faire des collections'

Qu'est-ce que vous collectionnez?
(les timbres? les papillons? les photographies?
les poupées? les coquillages? les cartes postales?)
Je collectionne les ...

Vous en avez combien?   **J'en ai ...**

Comment est-ce que vous les obtenez?
(vous les achetez? vous les trouvez? vous les faites?
vous les recevez? vous les fabriquez?)   **Je les ...**

Où est-ce que vous les rangez? (sur une étagère?
dans un album? dans une boîte?)   **Je les range ...**

Conversation E: 'J'aime la musique'

Quelle sorte de musique préférez-vous? (la musique
classique? le jazz? la musique pop?)   **J'aime ...**

Avez-vous un électrophone?   ...
si 'oui':
Avez-vous aussi beaucoup de disques?   ...
Est-ce que vous les écoutez souvent?   ...
Où est-ce que vous les écoutez?   **Je les écoute ...**

Savez-vous jouer d'un instrument de musique?   ...
si 'oui':
De quel instrument?
(de la guitare? du piano? du violon? du tambour?
de l'harmonica?)   ...

Savez-vous chanter?   ...
Quelle est votre chanson favorite?   **C'est ...**
Comment s'appelle votre chanteur favori?   ...

Conversation F: 'J'aime lire'

Est-ce que vous lisez beaucoup?   ...
Combien de livres est-ce que vous lisez par semaine?   **Je lis ... livres par semaine.**

Quelle sorte de livres aimez-vous lire?
(les histoires d'aventures? les romans policiers?
les romans historiques? les histoires d'amour?
les récits de voyage?)   **J'aime lire les ...**

Quel journal aimez-vous lire?   **J'aime lire ...**
Qu'est-ce que vous préférez lire, un journal ou une revue?   **Je préfère lire ...**

Allez-vous souvent à la bibliothèque?   ...
Est-ce que vous achetez beaucoup de livres?   ...

Comment s'appelle votre livre favori?   **Il s'appelle ...**

Conversation G: 'J'aime le jardinage'

Est-ce que vous avez un jardin chez vous?   ...
Comment est-il? (grand? petit? joli?)   **Il est ...**

Avez-vous une bêche? une fourche?
un rateau? un arrosoir?   ...

Qu'est-ce que vous préférez, bêcher la terre ou arroser les plantes?   **Je préfère ...**

Quelles fleurs y a-t-il dans votre jardin?
(des roses? des pensées? des marguerites? des lilas?
des dahlias? des chrysanthèmes? des tulipes? des lis?)
Il y a des ...

Et est-ce qu'il y a des légumes?   ...
si 'oui':
Quels légumes y a-t-il?   **Il y a des ...**

Est-ce qu'il y a des fruits?   ...
si 'oui':
Quels fruits y a-t-il?   **Il y a des ...**

Combien d'arbres y a-t-il dans votre jardin?   ...

Conversation H: 'J'aime les jeux'

Savez-vous jouer aux échecs?   ...
si 'oui':
Qui est le plus important, le roi ou un pion?   ...
De quelle couleur est un échiquier?   **Il est ...**

Aimez-vous jouer aux cartes?   ...
Combien de cartes y a-t-il dans un paquet, cinquante ou cinquante-deux?   **Il y en a ...**

Savez-vous jouer au bridge?   ...

Avez-vous des puzzles?   ...

Aimez-vous faire des mots-croisés?   ...

Comment s'appelle votre jeu favori?   **Il s'appelle ...**

Conversation I: 'J'aime écouter la radio'

Préférez-vous écouter la radio ou regarder la télévision?   **Je préfère ...**
Est-ce que vous avez un transistor?   ...
si 'oui':
Où est-ce que vous l'écoutez, dans la salle de séjour ou dans votre chambre?   **Je l'écoute dans ...**
Quelles sortes d'émissions aimez-vous?
(les actualités? les pièces de théâtre? les disques?
les programmes scolaires? les concerts de musique classique? les feuilletons?)   **J'aime ...**

Conversation J: 'J'aime le bricolage'

Est-ce que vous avez beaucoup d'outils, ou est-ce que vous empruntez les outils de papa?   ...
Quels outils avez-vous?
(une scie? un tourne-vis? un marteau? des clous?)   **J'ai ...**

Est-ce que vous faites des réparations à la maison?   ...
si 'oui':
Qu'est-ce que vous avez réparé?   **J'ai réparé ...**

Est-ce que vous fabriquez des meubles pour la maison?
...
si 'oui':
Qu'est-ce que vous avez fabriqué?   **J'ai fabriqué ...**

Est-ce que vous construisez des jouets ou des modèles?
...
si 'oui':
Qu'est-ce que vous avez construit?   **J'ai construit ...**

Time out

Je vais au café

Je vais chez un ami
(Conversation D)

Je vais au cinéma
(Conversation F)

Je fais du scoutisme
(Conversation C)

J'ai rendez-vous
(Situation 51)

Je me promène à vélo
(la campagne : à la page 73)

Je vais au club
(Conversation B)

Je sors le soir
J'aime beaucoup sortir

Je vais au théâtre
(Conversation E)

Je vais danser

Je vais à un concert
(la musique : à la page 58)

Conversation A : Vous sortez ?

Est-ce que vous sortez le soir ?   …

Vous aimez sortir ?   …

Où allez-vous quand vous sortez ?   **Je …**

Où allez-vous le samedi ?   **Je …**

Où est-ce que vous allez ce soir ?   **Je…**

Est-ce que vous sortez chaque soir ?   …

Est-ce que vous sortez en bande, avec des camarades ? …

Aimez-vous rester à la maison les jours de congé ?   …

Qu'est-ce que vous préférez, sortir ou rester à la maison ?   **Je préfère …**

Conversation B : 'Je vais au club'

Est-ce que vous allez souvent à votre club ?   …

Combien de fois par semaine y allez-vous ?   **J'y vais … fois par semaine.**

Est-ce qu'on y écoute des disques ?   …

si 'oui' :

　Est-ce que vous êtes quelquefois le disc-jockey ?   …

Quelles autres activités y a-t-il ?

(On joue au ping-pong ? on fait des excursions ?

on joue au football de table ? on danse ?)   **On …**

Qui organise les activités, les jeunes gens ou les grandes personnes ?   …

Conversation C : 'Je fais du scoutisme'

Faites une description de votre uniforme.   …

Est-ce que votre école a un bataillon ?   …

Combien de fois par semaine allez-vous

à votre bataillon ?   **J'y vais … fois par semaine.**

Est-ce que vous faites du camping quelquefois ?   …

Les vêtements et les couleurs
sont à la page 6

Conversation D: 'Je vais chez un ami'.

Comment s'appelle l'ami que vous allez voir le plus souvent?   **Il s'appelle** ...
Est-ce qu'il habite près de chez vous ou loin de chez vous?   **Il habite** ...
Pourquoi aimez-vous le voir?
(parce qu'il est sympathique? gentil? riche? amusant? beau?
parce qu'il a les mêmes goûts que vous?
parce qu'il a beaucoup de disques? une télé en couleurs?)   **J'aime le voir**
parce qu ...

Attention!
une amie:
vous allez **la** voir
parce qu'**elle** est
gentil**le**? amusan**te**? bel**le**?

Conversation E: 'Je vais au théâtre'

Préférez-vous le cinéma ou le théâtre?   **Je préfère** ...
Est-ce qu'il y a un théâtre près d'ici?   ...
si 'oui':
   Comment s'appelle-t-il?   **Il s'appelle** ...
Est-ce que vous préférez les pièces de théâtre classiques ou modernes?
Je préfère ...
Nommez une pièce de théâtre que vous avez vue.   **J'ai vu '...'**

Conversation F: 'Je vais au cinéma'

Est-ce que vous allez souvent au cinéma?   ...
Avec qui y allez-vous?   **J'y vais** ...
Est-ce qu'il y a un cinéma près d'ici?   ...
Quelles sortes de films préférez-vous? (les comédies?
les films policiers? les films d'espionnage? les dessins animés?
les films de guerre? les films d'aventures? les westerns?
les films d'amour? les films d'horreur?)   **Je préfère** ...
Qui sont vos vedettes préférées?   ...

Situation 50: Au cinéma

Kevin has invited a girl to the cinema, so he must pay for the seats and the tip for the usherette, **l'ouvreuse** (about 10%). He buys tickets for the balcony (**le balcon**), which are dearer than the stalls (**l'orchestre**).

As you can't normally stay to see the film through again, he hopes they haven't missed the start of the performance (**la séance**).

As they are going to see a foreign film, Kevin wonders if it is **sous-titré** (sub-titled) or **doublé** ('dubbed' with French voices).

NOW YOUR TURN

At the cinema,
1 Ask for two seats in the stalls.
2 Ask if the performance has started.
3 It's not a French film, so ask if the film is sub-titled.

L'EMPLOYÉE:	Oui monsieur?
KEVIN:	**Deux places au balcon, s'il vous plaît, mademoiselle.**
L'EMPLOYÉE:	Voilà monsieur. Vingt francs.
KEVIN:	**Est-ce que la séance a commencé?**
L'EMPLOYÉE:	Les actualités ont commencé. Le grand film commence dans vingt minutes.
KEVIN:	**Est-ce que le film est sous-titré?**
L'EMPLOYÉE:	Non, c'est un film américain en version originale.
KEVIN:	**Merci mademoiselle.**

Take the part of the box-office girl or man. If you can, give answers different to those that Kevin received above.

EXTRA

Six friends phone to tell you
their plans and to invite you.
You accept and suggest a
meeting place. Fit the halves
of your six calls together,
using each once only:

Je vais à une surprise-partie chez Hélène. Tu veux venir? **1**	**a** Oui, je veux bien. On se rencontre à l'arrêt d'autobus?
Je vais faire une promenade en bateau. Tu veux venir? **2**	**b** Oui, je veux bien. On se rencontre chez elle?
Je vais à la campagne en autobus. Tu veux venir? **3**	**c** Oui, je veux bien. On se rencontre au bord du lac?
Je voudrais écouter tes nouveaux disques. **4**	**d** Oui, je veux bien. On se rencontre à la Maison des Jeunes?
Je vais au club. Tu veux venir? **5**	**e** Oui, je veux bien. On se rencontre chez toi?
Je suis baby-sitter ce soir - je garde ma petite soeur. Tu viens ici? **6**	**f** Bien sûr - on se rencontre chez moi?

EXTRA

Your friends suggest times
for meeting, and you agree
to see them then. More phone
calls to link.

On se rencontre samedi soir? **1**	**a** D'accord. À ce soir.
On se rencontre lundi prochain? **2**	**b** D'accord. À demain.
On se rencontre tout de suite? **3**	**c** D'accord. À samedi.
On se rencontre demain matin? **4**	**d** D'accord. À tout à l'heure.
On se rencontre à sept heures du soir? **5**	**e** D'accord. À lundi.

Situation 51 : 'J'ai rendez-vous'

Tiens, bonjour Kevin. Je vais à un match de rugby ce soir. Veux-tu venir? — Oui, je veux bien. Où est-ce qu'on se rencontre? — Devant le stade, ça va? — Oui, ça va. À quelle heure? — À six heures et demie. — D'accord. Merci, François. À ce soir.

NOW YOUR TURN
A French friend, Jean-Luc,
suggests seeing a film.
1 Say yes, you'd like to a lot.
  Ask where you should meet.
2 Outside the cinema, he suggests.
  Say yes, that's all right, and ask
  what time.
3 When he says 8.30, you agree.
  Thank him and say you'll see
  him tomorrow.

JEAN-LUC:	Tu veux venir au cinéma demain soir?
VOUS:	...
JEAN-LUC:	Devant le cinéma, ça va?
VOUS:	...
JEAN-LUC:	À huit heures et demie.
VOUS:	...

EXTRA

Make plans for an outing –
decide what, where and
when. Then 'meet' a friend
in the classroom and make the
arrangements as Kevin and
François did above.

Talk about your free time

Conversation A:
Que faites-vous ?

Que faites-vous le soir?   Le soir, je ...
Que faites-vous le dimanche, d'habitude?   D'habitude, je ...
Qu'est-ce que vous faites quand vous sortez?   Quand je sors, je ...
Et que faites-vous quand vous ne sortez pas le soir?   Quand je ne sors pas, je ...
Que faites-vous quand il pleut?   Quand il pleut, je ...
Que faites-vous quand il fait beau?   Quand il fait beau, je ...

Conversation B:
Avez-vous ... ?

Où avez-vous passé la soirée hier?
(à la maison? en ville? chez un ami? au cinéma?)   Hier, j'ai passé la soirée ...
Avez-vous regardé la télévision hier soir?   ...
Avez-vous fait du sport le weekend dernier?   ...
Avez-vous jamais joué au golf?   ...
Avez-vous jamais fait du ski?   ...

Conversation C:
Êtes-vous ... ?

Êtes-vous sorti hier soir?   ...
si 'oui':
    Où êtes-vous allé?   Je suis allé ...
Où êtes-vous allé le weekend dernier?
(Vous êtes sorti? À quelle heure? Où êtes-vous allé? Avec qui?
À quelle heure êtes-vous rentré? Ou êtes-vous resté à la maison?)
                    Le weekend dernier, je suis ...

Conversation D:
Qu'avez-vous fait ?

Qu'est-ce que vous avez fait hier soir?   Hier soir, je ...
Comment avez-vous passé le weekend dernier?   Le weekend dernier, je ...

Conversation E:
Qu'allez-vous faire ?

Qu'est-ce que vous allez faire ce soir?   Ce soir, je vais ...
Combien d'heures allez-vous travailler ce soir?   ...
Où allez-vous passer la journée demain?   Demain, je vais passer la journée ...
Qu'est-ce que vous allez faire le weekend prochain?   Je vais ...

Conversation F:
Que ferez-vous ?

Que ferez-vous ce soir?   Ce soir, je ...
Viendrez-vous à l'école demain?   ...
si 'non':
    Vous resterez donc à la maison?   ...
Irez-vous au cinéma cette semaine?   ...
si 'oui':
    Quel film irez-vous voir?   J'irai voir ...
Est-ce que vous sortirez samedi soir?   ...
si 'oui':
    Avec qui sortirez-vous?   Je sortirai ...
    Où irez-vous?   J'irai ...
Dimanche prochain, irez-vous à l'église?   ...

School and careers
School

LES MATIÈRES
les langues:
l'anglais
le français
le latin
l'allemand
l'espagnol
les sciences:
la physique
la chimie
les sciences naturelles
l'éducation physique:
le sport
la gymnastique
l'athlétisme

les mathématiques
l'histoire
la géographie
la musique
l'instruction civique
l'instruction religieuse
le travail du bois
le travail des métaux
l'enseignement ménager
la couture
l'art dramatique
le dessin

L'emploi du temps.
Write out your school
timetable in French.
Show which days you attend
(the days: page 70), times of
lessons (use the 24-hour
clock) and indicate **la
récréation** and **le déjeuner**.

French pupils start
secondary school in **la classe
de sixième** (our First Form)
and finish in **terminale**
(the Upper Sixth).

Conversation A: Les matières

Quelles matières prenez-vous? **Je prends ...**
Quelle est votre leçon préférée? **Ma leçon préférée est ...**
Quelles sciences apprenez-vous? **J'apprends ...**
Quelles langues apprenez-vous? **J'apprends ...**
En quelle classe êtes-vous?
(en première? en seconde? en troisième? en quatrième?
en cinquième? en sixième? en terminale?) **Je suis en ...**

Conversation B: Les jours et les cours

Combien d'élèves y a-t-il dans votre classe de français? **Il y en a ...**
Combien de leçons avez-vous par jour? **J'en ai ... par jour.**
Combien de jours par semaine venez-vous à l'école? **J'y viens ... jours par
semaine.**

Conversation C: Les professeurs

Comment s'appelle le directeur de votre école? **Il s'appelle ...**
Comment est-il, ce directeur? (grand ou petit? jeune ou vieux? sympathique
ou sévère? distrait? actif?) **Il est ...**
Comment s'appelle votre professeur d'anglais? **Il s'appelle ...**
Comment est-il? **Il est ...**
Est-ce qu'il vous donne beaucoup de devoirs? **...**

Conversation D: Votre école

Faites une description de votre école:
Elle est grande ou petite? vieille ou moderne? Elle est située au centre de la
ville ou près de la campagne? **Mon école est ...**
C'est une école mixte? de jeunes filles? de garçons? **C'est une école ...**
Il y a beaucoup de terrains de sports? (Il y a un terrain de tennis, de football,
de hockey? il y a une piscine? une piste?) **Il y a ...**
Après les cours, quelles activités y a-t-il? (on danse? on joue aux échecs? on
joue une pièce de théâtre? on fait du sport? Il y a un orchestre? une chorale?)
Après les cours, ...

Conversation E: Depuis

Depuis quand êtes-vous élève à cette école? **Je suis élève à cette école
depuis ... ans.**
Depuis quand apprenez-vous le français? **J'apprends le français depuis
... ans.**
Depuis combien de temps apprenez-vous la physique? **J'apprends la
physique depuis ... ans.**

Careers

LES MÉTIERS

accountant	*comptable*
actor/actress	*acteur/actrice*
air hostess	*hôtesse de l'air*
apprentice	*apprenti/apprentie*
baker	*boulanger/boulangère*
boss, manager	*patron/patronne*
bus conductor	*receveur/receveuse*
butcher	*boucher/bouchère*
caretaker	*concierge*
carpenter	*menuisier*
cashier	*caissier/caissière*
chef/cook	*cuisinier/cuisinière*
chemist	*pharmacien*
civil servant	*fonctionnaire*
clerk	*employé/employée*
dentist	*dentiste*
doctor	*médecin*
docker	*docker*
driver	*conducteur*
electrician	*électricien*
engineer	*ingénieur*
farmer	*fermier/fermière*
fireman	*pompier*
fisherman	*pêcheur*
garage worker	*garagiste*
grocer	*épicier/épicière*
hairdresser	*coiffeur/coiffeuse*
housewife	*femme de ménage*
journalist	*journaliste*
librarian	*bibliothécaire*
mechanic	*mécanicien*
nurse	*infirmière*
painter and decorator	*peintre-décorateur*
pilot	*pilote*
plumber	*plombier*
policeman	*agent de police*
postman	*facteur*
railwayman	*cheminot*
receptionist	*réceptionniste*
retired	*retraité*
sailor	*matelot*
school-child	*écolier/écolière*
secretary	*secrétaire*
shop-assistant	*vendeur/vendeuse*
stall-keeper	*marchand/marchande*
student	*étudiant/étudiante*
teacher	*professeur*
technician	*technicien*
telephonist	*standardiste*
typist	*dactylo*
usherette	*ouvreuse*
waiter/waitress	*garçon/serveuse*
workman	*ouvrier*

Conversation A: Les métiers

Qui conduit un autobus? **C'est un …**
Qui guérit les malades? **C'est un …**
Qui cultive la terre? **C'est un …**
Qui attrape les voleurs? **C'est un …**
Qui enseigne les élèves? **C'est un …**
Qui attrape des poissons? **C'est un …**

Before you go any further … Discover the French for the occupation or future occupation of everyone in the family.

Conversation B: Les métiers de la famille

Quel est le métier de votre père? **Il est …**
Et votre mère, qu'est-ce qu'elle fait dans la vie? **Elle est …**
Que fait votre frère? **Il est …**
Et votre soeur, que fait-elle? **Elle est …**

Conversation C: Que ferez-vous?

Qu'est-ce que vous allez faire l'année prochaine?
(vous irez toujours à l'école? vous irez au collège? vous travaillerez?) **Je …**
Aurez-vous bientôt beaucoup d'examens? **…**
si 'oui':
   Quels examens passerez-vous cette année? **Je passerai …**
Quand quitterez-vous l'école pour gagner votre vie?
(en juillet? l'année prochaine? dans deux ans?) **Je quitterai l'école …**
Qu'est-ce que vous ferez dans la vie? **Je …**
Quel âge aurez-vous l'année prochaine? **J'aurai … ans.**
Quand est-ce que vous aurez dix-huit ans? **J'aurai dix-huit ans dans … ans.**

Conversation D: Que ferait la famille?

Est-ce que votre frère va encore à l'école? **…**
si 'oui':
   Qu'est-ce qu'il voudrait devenir? **Il voudrait devenir …**
Est-ce que votre soeur va toujours à l'école? **…**
si 'oui':
   Qu'est-ce qu'elle voudrait faire dans la vie? **Elle voudrait être …**

Conversation E: Que feriez-vous?

Qu'est-ce que vous voudriez faire dans la vie? **Je voudrais …**
Voudriez-vous travailler à l'étranger? **…**
Que feriez-vous si vous aviez beaucoup d'argent? **Je …**
Où iriez-vous si vous étiez riche? **J'irais …**
Est-ce que vous auriez peur d'être astronaute? **…**
Aimeriez-vous être vedette de cinéma? **…**

Eating at a restaurant

Situation 52: Au restaurant

Like many French families, the Pinault family have Sunday lunch at a restaurant. They usually go to 'Le Poisson Rouge' where the excellent cooking is done by the **patron** and his wife, and their son waits at table; often the patron himself visits the tables to ask the customers if they are enjoying the meal.

Two menus are displayed outside. The menu **à la carte** lists everything available and the prices. The menu **à prix fixe** suggests a set meal at a set price. Today the family will dine **à la carte** so that Kevin can choose what French food he wants to try.

Couvert compris

Au Poisson Rouge
Service 12%. Non compris

rue Voltaire CHÂTEAUNEUF

Hors d'oeuvre

paté maison	3,25
melon	3,25
salade niçoise	3,75
charcuterie	3,00
radis au beurre	2,25
sardines au beurre	2,25
oeuf à la mayonnaise	3,00

Potages

soupe à l'oignon	3,00
potage à la bisque de homard	3,00
consommé au vermicelle	2,50

Plats du jour

poulet rôti	6,50
escargots	7,00
cuisses de grenouilles	12,00
escalope de veau	7,50
coq au vin	8,50
truite au bleu	9,00
côtelette de mouton	6,00
rôti de boeuf	7,00

Légumes

petits pois	2,50
haricots verts sautés	2,50
tomates à la provençale	3,00
pommes de terre : frites	2,25
sautées	2,50
à l'anglaise	2,25

Desserts

crêpes Suzette	5,00
salade de fruits	3,00
fruits de saison	2,00
glaces à partir de	2,50
fromages	2,00
pâtisseries	2,50

Boissons

café	1,00
café crème	1,50
chocolat	2,50
Coca Cola	2,50
limonade	2,50
vins à partir de	5,00

1. Une table pour six, s'il vous plaît.
   — Par ici, messieurs-dames. Voici la carte.

2. Eh bien Kevin, qu'est-ce que tu prends?
   — Je voudrais du pâté, et puis une escalope de veau avec des petits pois.

3. Et comme boisson, monsieur?
   — Une bouteille de vin rouge, et un Coca Cola pour la fillette.

4. Que désirez-vous comme dessert?
   — Montrez-moi les fromages s'il vous plaît.

5. Voici les fromages, et voici aussi les fruits et les pâtisseries. Vous prenez du café?
   — Oui — deux cafés noirs et quatre cafés crème.
   — Je reviens tout de suite.

6. Garçon! L'addition, s'il vous plaît.
   — Bien, monsieur. Au revoir, monsieur.

NOW YOUR MEAL   Study the menu of 'Le Poisson Rouge' carefully, because you and a friend are also having a three course meal there. There are sure to be items on the menu that you don't recognize – even Frenchmen don't know the meanings of all the local variations. So ask the waiter (**'Qu'est-ce que c'est?'**), and if you still don't understand, why not try it anyway?

1 Ask for a table for two.	VOUS:	...
2 Say what you'd like for your first and second courses.	LE GARÇON:	Voici une table libre. Je vous apporte un menu. . . Vous désirez?
(1st course: **hors d'oeuvre** or **potage**; 2nd course: **plat du jour** with **légumes**.)	VOUS:	...
	LE GARÇON:	Et qu'est-ce que vous voulez boire?
3 Say what you'd like to drink.	VOUS:	...
(Have wine or a soft drink with your meal, and coffee later, when you've finished eating.)	LE GARÇON:	Très bien.

When the dishes are cleared away, the waiter will enquire about your third course. You can ask him to show you the cheeses, fruits or pastries, which he may bring on a tray or trolley. Or some restaurants offer thin pancakes (**des crêpes**) or icecreams (**des glaces**), but never puddings with custard.

4 Tell the waiter what you want for dessert.	LE GARÇON:	Et comme dessert?
	VOUS:	...
5 Order your coffee, stating whether black or white.	LE GARÇON:	Voilà. Et est-ce que vous prenez du café?
	VOUS:	...
6 Call the waiter and ask for the bill.	LE GARÇON:	Voilà votre café.
	VOUS:	...
	LE GARÇON:	Mais oui, j'arrive.

Before you go . . .
How much does your meal cost?
Is there a cover charge?
Is there a service charge?
How much?

EXTRA

Make out the bill, listing all the costs. If your friend is being charged on the same bill, include everything he or she has eaten and drunk as well.

Au Poisson Rouge

le 8 août _ _ _ _ _ _ _ _ _ _ _ 6 couverts

6 hors d'oeuvres	18,25
2 escalopes	15,00
3 coqs au vin	25,50
1 truite	9,00
légumes	15,25
vin	16,00
Coca Cola	2,50
6 cafés	8,00
Service 12%	13,00
TOTAL	122,50

In a café

Dominique spends a lot of time at the Café de la République in the centre of Châteauneuf. During the long school lunch break he sometimes comes for a snack and does his homework at a table on **la terrasse**. Sandwiches are on sale at lunchtime, but the **croissants** are usually sold out by then.

In the evenings, Dominique and his friends come here for the juke box, bar football and pinball machines. When they haven't much money, they make one cup of coffee last all evening.

M. Pinault, who likes a drink on his way home from work, never comes here. He prefers a quieter café on the outskirts of town, where he sits and reads the paper over **un demi** (a pint of beer) or **un apéritif**.

Situation 53: Au café

Kevin comes to the café for something to eat and drink.

LE GARÇON:	Et pour monsieur?
KEVIN:	**Qu'est-ce que vous avez comme sandwiches?**
LE GARÇON:	Nous avons des sandwiches au jambon, et des croque-monsieur.
KEVIN:	**Apportez-moi un croque-monsieur et un café crème s'il vous plaît.**
LE GARÇON:	Voilà monsieur.
KEVIN:	**Garçon! Vous avez oublié le sucre!**
LE GARÇON:	Pardon monsieur. Le voici.

> **Un croque-monsieur**
> is a sort of hot cheese
> sandwich

NOW YOUR TURN
Go into a French café, sit down and wait to be served. If you order a sandwich, don't expect the kind of tidy triangle that you'd get in England.

1 Ask the waiter what sandwiches he has.
2 When you've decided what you want to eat and drink, ask him to bring them to you.
3 He brings your drink but no food. Tell him that he's forgotten it.

LE GARÇON:	Et pour vous?
VOUS:	…
LE GARÇON:	Voyons: des sandwiches au jambon, des sandwiches au fromage, des sandwiches au saucisson et des croque-monsieur. Et pour boire: du café? du chocolat? une limonade? un Coca Cola? du thé?
VOUS:	…
LE GARÇON:	Voilà.
VOUS:	…
LE GARÇON:	Ah oui, c'est vrai. Excusez-moi.

Talk about food

Conversation A: Les repas

LES REPAS EN FRANCE

Le petit déjeuner **Un bol de café au lait** ou **un bol de chocolat** avec **des croissants** et **de la confiture.**

Le déjeuner **Un hors d'oeuvre, de la viande** avec **des légumes; du fromage; du vin et du café.**
The whole family tries to be home for this important meal.

Le goûter **Un morceau de pain** et **un gâteau.**
A snack for the children, if they come home hungry.

Le dîner **Du potage; des oeufs** ou **du poisson** avec **de la salade; un dessert.**

Quels repas mangez-vous chaque jour? Chaque jour, je mange ...
Quel repas est-ce qu'on mange le matin? Le matin, on mange ...
Quel repas est-ce qu'on mange à midi? À midi, on mange ...
Quel repas est-ce qu'on mange à cinq heures? À cinq heures, on mange ...
Quel repas est-ce qu'on mange le soir? Le soir, on mange ...

Conversation B: Avoir faim

Avez-vous faim maintenant? ...
Que faites-vous quand vous avez faim? Quand j'ai faim, je ...
Que faites-vous quand vous avez soif? Quand j'ai soif, je ...
Qu'est-ce que vous mangez quand vous avez chaud? Quand j'ai chaud, je mange ...
Qu'est-ce que vous buvez quand vous avez chaud? Quand j'ai chaud, je bois ...

Conversation C: Qu'est-ce que vous mangez?

Qu'est-ce que vous buvez avec le petit déjeuner? Je bois ...
Qu'est-ce que les Français mangent au petit déjeuner? Ils mangent ...
Qu'est-ce que vous prenez pour votre déjeuner, d'habitude?
(des sandwiches? du potage? de la viande?) D'habitude, je prends ...
Qu'est-ce que vous mangez le soir? Le soir, je mange ...
Est-ce que vous aimez le fromage? ...
si 'oui': En mangez-vous beaucoup? ...
Préférez-vous le café ou le thé? Je préfère ...

Conversation D: Qu'est-ce que vous avez mangé?

Qu'est-ce que vous avez mangé ce matin? Ce matin, j'ai mangé ...
Et qu'est-ce que vous avez bu? J'ai bu ...
Hier, avez-vous déjeuné à l'école ou à la maison? J'ai déjeuné à ...
Et où avez-vous dîné hier soir? J'ai dîné ...
Avez-vous pris du vin avec votre dîner hier soir? ...

When to go

C'est le	LES JOURS DE LA SEMAINE dimanche lundi mardi mercredi jeudi vendredi samedi	premier deux trois quatre cinq six sept huit neuf dix onze douze	treize quatorze quinze seize dix-sept dix-huit dix-neuf vingt vingt et un trente trente et un	LES MOIS DE L'ANNÉE janvier, février mars avril mai, juin	juillet août septembre octobre novembre decembre

Conversation A: La date

Quelle est la date aujourd'hui?　　C'est ...

Conversation B: Les fêtes

Le jour de l'an　　New year cards arrive, wishing you '**Bonne Année**'.

Le jour des rois　　On the first Sunday in January, each family eats a special cake containing a hidden token. The person to find it in his portion becomes **le roi** for the rest of the day.

Mardi Gras　　On Shrove Tuesday, the last day before Lent, pancakes are eaten. It is also known as **Carnaval**. Many towns in the South hold street festivals, with giant floats, masked balls and fireworks.

Le jour des poissons d'avril　　Try to pin a paper fish on someone's back without him noticing. Then call him '**Poisson d'avril**'.

La fête du travail　　A public holiday. People pick or buy lily-of-the-valley to wear for luck, so it is also called **la fête du muguet**.

La fête nationale　　celebrating the start of the French Revolution in 1789. Patriotic processions and songs are followed by street dancing and fireworks.

La rentrée des classes　　The return to school after **les grandes vacances**.

Noël　　On Christmas Eve, **la veille de Noël,** there is a late night meal, often with oysters, snails and champagne, and Midnight Mass for the whole family. Wish friends and neighbours '**Joyeux Noël**'.

Quelle est la date du jour de l'an?　　C'est ...
Quelle est la date du jour des poissons d'avril?　　C'est ...
Quelle est la date de la fête du travail?　　C'est ...
Quelle est la date de la fête nationale en France?　　C'est ...
Quelle est la date de Noël?　　C'est ...
Quelle est la date de la veille de Noël?　　C'est ...
Quelle est la date de votre anniversaire?　　C'est ...

Conversation C: ... sommes-nous?

Quelle date sommes-nous aujourd'hui?　　Nous sommes ...
Quel jour de la semaine sommes-nous aujourd'hui?　　Nous sommes ...
En quel mois sommes-nous?　　Nous sommes en ...
Est-ce que nous sommes lundi aujourd'hui?　　...

Conversation D: Combien de . . . ?

Combien de jours y a-t-il dans une semaine?   Il y en a . . .
Combien de jours y a-t-il au mois de septembre?   Il y en a . . .
Combien de mois y a-t-il dans une année?   Il y en a . . .
Combien d'heures y a-t-il dans un jour?   Il y en a . . .

Conversation E: Les jours

Comment s'appellent les sept jours de la semaine?   Ils s'appellent . . .
Quels jours de la semaine venez-vous en classe?   Je viens en classe . . .
Quels jours n'allez-vous pas en classe?   Je ne vais pas en classe . . .
Quel jour est le Mardi Gras?   C'est . . .

Conversation F: Les mois

Pendant quels mois sont les grandes vacances?   Elles sont en . . .
Pendant quel mois est la rentrée des classes?   Elle est en . . .
Pendant quel mois est-ce que vous achetez des cadeaux de Noël?   J'achète
des cadeaux de Noël en . . .
Pendant quel mois fait-il du vent en Angleterre?   Il fait du vent en . . .

Situation 54: 'Quand est-ce que vous partez?'

The Pinault family want to take
Kevin to the mountains. But
can they fit it in before Kevin
leaves?

M. PINAULT: Nous allons bientôt dans les Alpes, Kevin.
Voulez-vous nous accompagner?

KEVIN: **Oui, je veux bien. Mais quand est-ce que vous partez?**

M. PINAULT: Nous partons samedi prochain, le vingt-quatre août.

KEVIN: **Et quel jour est-ce que vous revenez?**

M. PINAULT: Nous revenons le samedi suivant, le premier septembre.
Quand est-ce que vous rentrez en Angleterre?

KEVIN: **Je dois partir le 2 septembre pour la rentrée des classes.**

M. PINAULT: Alors, c'est parfait.

NOW YOUR TURN

The weather turns so hot that your
penfriend's family decides to go
off camping. You are invited.

1 Say yes, you'd like to.
  But ask when they're leaving.

2 And find out what day they're
  coming back.

3 Say you've got to leave on the
  4th September to return to
  school.

MONSIEUR: Nous allons faire du camping.
Vous voulez venir, n'est-ce pas?

VOUS: . . .

MONSIEUR: Nous allons partir le dix août.

VOUS: . . .

MONSIEUR: Nous comptons revenir dix jours plus tard.
Quand est-ce que vous devez partir?

VOUS: . . .

MONSIEUR: Pas de problème, alors.

Situation 55: 'Bon Anniversaire'

Kevin is a bit late with his birthday present for Dominique's mother, but he wishes her happy birthday all the same.

NOW YOUR TURN

1 Ask your penfriend's father if
  it was his birthday yesterday.

2 Offer him a little present that
  you've bought for him.

3 Wish him happy birthday.

Camping and youth hostelling

Situation 56: Au camping

Many French campsites are almost as well-equipped as English holiday camps, with playgrounds, restaurants, washrooms and shops. But it is wise to book in advance. Dominique and Kevin, hiking with their tent, have not booked and are lucky to find a place.

LE GARDIEN:	Oui, jeune homme?
DOMINIQUE:	**Avez-vous une place libre, monsieur?**
LE GARDIEN:	C'est pour une caravane?
DOMINIQUE:	**Non monsieur, c'est pour une tente.**
LE GARDIEN:	Vous avez de la chance – il me reste une petite place ici près du bureau. Vous êtes combien?
DOMINIQUE:	**Nous sommes deux, monsieur.**
LE GARDIEN:	Bien. Venez par ici.

NOW YOUR TURN
You are caravanning in France with an English friend and his parents. Being the only French speaker, it's you who enquires at the campsite.

1 Ask the warden if he has a place free.
2 Say it's for a caravan.
3 Say there are four of you.

Conversation A: Le camping

une tente

une poêle à frire.

un sac de couchage.

un réchaud

Aimez-vous faire du camping?   ...
Préférez-vous faire du camping ou aller dans un hôtel?   **Je préfère ...**
Est-ce que vous faites du camping pendant les grandes vacances?   ...
Préférez-vous faire du camping dans un terrain de camping, ou dans un champ?   **Je préfère faire du camping dans ...**
Savez-vous dresser une tente?   ...
Avez-vous une tente? un sac de couchage? un réchaud? une poêle à frire?   ...

Situation 57: Dans un champ

The next night, Kevin and Dominique don't find a campsite, and they ask permission to stay in a field.

NOW YOUR TURN

You and a friend call at a farm-house to ask permission to camp.

1 Tell the farmer that you're on holiday, and ask if you can camp here.
2 Say you've got a tent and some sleeping bags.
3 Say you want to do some cooking, and ask if you can light a fire.

VOUS:	...
LE FERMIER:	Vous allez faire bien attention?
	Oui, alors. Vous avez une tente?
VOUS:	...
LE FERMIER:	Et pour les repas?
VOUS:	...
LE FERMIER:	Ça non, c'est trop dangereux.
	Allez manger au village là-bas.

Situation 58: À l'auberge de jeunesse

Kevin and Dominique, still hiking, have encountered rain-storms, and Kevin's sleeping bag is soaked. Hoping for a chance to dry out, they head for a youth hostel.

DOMINIQUE:	**Excusez-moi monsieur, est-ce que vous êtes le père aubergiste?**
LE PÈRE AUBERGISTE:	Oui, c'est moi. Qu'est-ce que vous désirez?
DOMINIQUE:	**Avez-vous des lits pour ce soir?**
LE PÈRE AUBERGISTE:	Oui, justement il me reste deux lits dans le dortoir des garçons.
KEVIN:	**Je n'ai pas de sac de couchage, monsieur.**
LE PÈRE AUBERGISTE:	Ça ne fait rien.
	Vous pouvez louer des couvertures.

NOW YOUR TURN

You and your friend arrive at a Youth Hostel.

1 Ask a man if he is the warden.
2 Ask if he has any beds for tonight.
3 Say you haven't got a sleeping bag.

If you already belong to the Youth Hostel Association in England, you will be able to get all the information you need about youth hostelling in France before you leave. Beds are scarce in July and August; your chances are better if you arrive early in the day.

Conversation B: La campagne

Allez-vous à la campagne quelquefois?   ...

si 'oui':

Comment est-ce que vous y allez?

(en vélo? en auto? à pied? par le train?)   J'y vais ...

Avec qui allez-vous à la campagne?

(avec la famille? avec des camarades? tout seul?)   J'y vais ...

Est-ce que vous faites souvent des pique-niques en été?   ...

Est-ce que vous aimez aller à la campagne?   ...

si 'oui':

Pourquoi?   **Parce que j'aime ...**

si 'non':

Pourquoi pas?   **Parce que je n'aime pas ...**

Préférez-vous la ville ou la campagne?   **Je préfère ...**

At the seaside

Conversation A: Au bord de la mer

Allez-vous quelquefois au bord de la mer?   ...
si 'oui':
   Que faites-vous sur la plage?   **Je ...**
Aimez-vous la plage?   ...
si 'oui':
   Pourquoi?   **Parce que j'aime ...**
si 'non':
   Pourquoi pas?   **Parce que je n'aime pas ...**

Conversation B: Décrivez une plage que vous connaissez

Où est cette plage?   **Elle est ...**
Est-ce qu'il y a beaucoup de monde ou peu de monde?   **Il y a ...**
Est-ce qu'il y a du sable ou des galets?   **Il y a ...**
Qu'est-ce qu'on voit sur la place?
(un phare? une falaise? des bateaux?)   **On y voit ...**
Est-ce qu'il y a des rochers sur la plage?   ...
si 'oui':
   Qu'est-ce qu'on trouve parmi les rochers?
   (des crabes? des poissons? des coquillages?)   **On y trouve ...**

Situation 59: Sur la plage

Kevin wants to hire a boat, but Dominique prefers to bathe first, in spite of the strong current and the jellyfish.

KEVIN: **Je voudrais louer un bateau.**
DOMINIQUE: Moi, je préfère me baigner d'abord.
KEVIN: **Est-ce que l'eau est froide?**
DOMINIQUE: Non, elle est bonne. Mais attention aux méduses!
KEVIN: **Est-ce que c'est profond ici?**
DOMINIQUE: Non, mais il y a un fort courant.

NOW YOUR TURN
1 Say you'd like to hire a boat.
2 Ask if the water is cold.
3 Ask if it's deep here.

Staying at a hotel

Situation 60: À l'hôtel

M and Mme Pinault, with Dominique, Kevin and the two girls, are touring. Arriving in a town where they intend to stop, M Pinault asks at the Syndicat d'Initiative for addresses of reliable hotels, then goes to book rooms.

LE PROPRIÉTAIRE: Bonjour monsieur. Vous désirez?

M PINAULT: **Vous aves des chambres libres, monsieur?**

LE PROPRIÉTAIRE: Oui monsieur.

M PINAULT: **Je voudrais trois chambres à deux personnes – une chambre avec un grand lit et deux chambres à deux lits – avec salle de bain.**

LE PROPRIÉTAIRE: Bien, monsieur.

M PINAULT: **Nous allons rester deux jours. C'est combien la nuit?**

LE PROPRIÉTAIRE: Cinquante francs par chambre par nuit.

M PINAULT: **Le petit déjeuner est compris?**

LE PROPRIÉTAIRE: Bien sûr, monsieur.

M PINAULT: **Alors, je voudrais voir les chambres.**

LE PROPRIÉTAIRE: Voilà, monsieur.

M PINAULT: **Oui, je les prends.**

LE PROPRIÉTAIRE: Très bien, monsieur.

NOW YOUR TURN

You are touring with a couple and their two children, and you are the only French-speaking member of the party. Ask first if they have any rooms free:

VOUS:

LE PROPRIÉTAIRE: Combien de chambres désirez-vous? À une personne ou à deux personnes?

VOUS:

LE PROPRIÉTAIRE: À deux lits? à un lit? avec un grand lit?

VOUS:

LE PROPRIÉTAIRE: Avec ou sans salle de bain?

VOUS:

LE PROPRIÉTAIRE: C'est pour combien de temps?

VOUS:

LE PROPRIÉTAIRE: J'ai trois chambres au deuxième étage. Elles donnent sur le jardin.

VOUS:

LE PROPRIÉTAIRE: Mais certainement . . . voilà.

VOUS:

LE PROPRIÉTAIRE: Le prix d'une chambre est quarante francs par nuit.

VOUS:

LE PROPRIÉTAIRE: Mais oui – service, taxes et petit déjeuner compris. Alors, vous les prenez?

VOUS:

75

Talk about your holidays

Conversation A: Les vacances

Où est-ce que vous passez vos vacances d'habitude?   **D'habitude, je passe mes vacances ...**

Où est-ce que vous préférez passer les vacances?   **Je préfère ...**

Pourquoi?   **Parce que j'aime ...**

Qu'est-ce que vous aimez faire pendant les vacances? (Aller au bord de la mer? à la campagne? à une auberge de jeunesse? à la montagne? Faire du camping? des pique-niques? des promenades?)   **J'aime ...**

Conversation B: À la ferme

Aimez-vous passer les vacances dans une ferme?   **...**

Nommez quelques animaux qu'on voit à la ferme.   **On y voit ...**

Comment s'appelle l'animal qui nous donne du lait?   **C'est la ...**

Quel est l'animal qui nous donne des oeufs?   **C'est la ...**

Quel est l'animal qui nous donne du jambon?   **C'est le ...**

À la ferme, quel est votre animal préféré?   **C'est le ...**

Conversation C: Les vacances passées

Où avez-vous passé vos vacances l'année dernière?   **J'ai passé mes vacances ...**

Êtes-vous allé au bord de la mer?   **...**

si 'oui':

   Qu'est-ce que vous avez fait sur la plage?   **J ...**

   Vous avez beaucoup nagé?   **...**

Êtes-vous allé à la campagne?   **...**

si 'oui':

   Avez-vous fait des pique-niques?   **...**

Où êtes-vous resté? (dans un hôtel? dans une tente? dans une auberge de jeunesse? chez des amis?)   **Je suis resté ...**

Êtes-vous allé dans une ferme?   **...**

si 'oui':

   Quels animaux y avait-il à cette ferme?   **Il y avait ...**

   Avez-vous donné à manger aux animaux?   **...**

Avez-vous fait du camping pendant les vacances?   **...**

si 'oui':

   Où êtes-vous allé?   **Je suis allé ...**

   Avec qui avez-vous fait du camping?   **Avec ...**

Combien de temps y êtes-vous resté?   **J'y suis resté ...**

Vous êtes-vous bien amusé?   **Oui, je me suis bien amusé./Non, je ne me suis pas bien amusé ...**

Pourquoi?   **...**

Conversation D: Les vacances futures

L'année prochaine, où passerez-vous les vacances?   **J'irai ...**

Vous ferez peut-être du camping?   **...**

Irez-vous au bord de la mer?   **...**

si 'oui': Que ferez-vous sur la plage?   **Je ...**

Est-ce que vous irez à la campagne?   **...**

si 'oui': Vous y ferez des promenades?   **...**

Combien de temps y resterez-vous?   **J'y resterai ...**

Est-ce que vous irez en vacances en auto?   **...**

si 'non': Est-ce que vous ferez de l'autostop?   **...**

Problems

Help!

Situation 61: En difficulté (1)

After a meal in a restaurant, Kevin discovers to his horror that he has no money. He's so shaken that his knowledge of French almost deserts him.

LE GARÇON:	Qu'est-ce qu'il y a, monsieur?
KEVIN:	**J'ai oublié mon argent.**
	Qu'est-ce que je dois faire?
LE GARÇON:	Nous accepterons un chèque de voyage.
KEVIN:	**Pardon, je ne comprends pas.**
	Voulez-vous répéter, s'il vous plaît?
LE GARÇON:	Je dis, un chèque de voyage, ça ira.
KEVIN:	**Parlez lentement, s'il vous plaît.**
	Je ne comprends pas le français.
LE GARÇON:	PAYEZ EN CHÈQUE DE VOYAGE, MONSIEUR!

Situation 62: En difficulté (2)

Kevin thinks his money must have been stolen. He hopes to find an English-speaking policeman.

KEVIN:	**Excusez-moi, monsieur l'agent.**
	Parlez-vous anglais?
L'AGENT DE POLICE:	Non monsieur. Vous ne parlez pas français?
KEVIN:	**Un peu.**
L'AGENT DE POLICE:	Quel est votre problème?
KEVIN:	**On a volé mon argent.**
L'AGENT DE POLICE:	Alors, je vais noter les détails.

NOW YOUR PROBLEM

It's time to pay your bill in a café, but you find to your embarrassment that your wallet (**le portefeuille**) is missing:

1. Say you've forgotten your wallet. Ask what you must do.
2. Say you don't understand, and ask him to repeat.
3. Ask him to speak slowly. Say you don't understand French.

LE GARÇON:	Il y a quelque chose qui ne va pas?
VOUS:	...
LE GARÇON:	Il faut expliquer ça au patron.
VOUS:	...
LE GARÇON:	Allez parler au patron.
VOUS:	...
LE GARÇON:	Allez au patron!

IT'S STILL YOUR PROBLEM

Still stuck in the café, you realise that your wallet has been stolen. When you find the manager,

4. Ask him if he speaks English.
5. When he asks if you speak French, say a little.
6. Say that someone has stolen your wallet.

VOUS:	...
LE PATRON:	Mais non, je suis français, moi.
	Vous ne savez pas parler français?
VOUS:	...
LE PATRON:	Eh bien, qu'est-ce qui ne va pas?
VOUS:	...
LE PATRON:	Mais il faut quand même payer!

Lost property

Situation 63: Au commissariat de police

Kevin is having a run of bad luck. He has now lost his camera somewhere in Châteauneuf. The place to start enquiring is at le Commissariat de Police.

L'AGENT : Bonjour, jeune homme. Vous avez perdu quelque chose?
KEVIN : **Oui, monsieur l'agent. J'ai perdu mon appareil photo.**
L'AGENT : Quand l'avez-vous perdu?
KEVIN : **Je l'ai perdu ce matin.**
L'AGENT : Où l'avez-vous laissé?
KEVIN : **Je ne sais pas où je l'ai laissé.**
Je suis allé au marché et au château.
L'AGENT : Voyons ... non monsieur, je suis désolé.
On n'a pas rapporté d'appareil photo aujourd'hui.

Situation 64: Aux objets trouvés

The police suggest that Kevin tries the Lost Property Office, **le bureau des Objets Trouvés**, but it's too soon for his camera to have been handed in.

KEVIN : **J'ai perdu un appareil photo ce matin. C'est un Kodak. L'avez-vous vu, monsieur?**
L'EMPLOYÉ : Ce matin? Mais non.
Il faut revenir dans trois ou quatre jours.
KEVIN : **À quelle heure ferme le bureau?**
L'EMPLOYÉ : À six heures du soir.
KEVIN : **Est-ce qu'il est ouvert le samedi?**
L'EMPLOYÉ : Non, du lundi au vendredi seulement.
KEVIN : **Merci monsieur.**

NOW YOUR SEARCH
You've gone to the Commissariat de Police to ask about the wallet you lost on page 77.
1 Tell the policeman that you've lost your wallet.
2 Say you lost it this morning.
3 Say you don't know where you left it.
Tell him where you've been – the market and the castle.

EXTRA

Take the part of the policeman. Practise the conversation with a partner:
1 Ask if he has lost something.
2 Ask when he lost it.
3 Ask where he left it.
4 Tell him that you're very sorry – a wallet hasn't been brought in today.

YOU'RE STILL SEARCHING
You've now gone to the Lost Property Office.
4 Tell the clerk that you've lost your wallet this morning.
Ask if he has seen it.
5 When he tells you to come back tomorrow night, ask what time the office closes.
6 Ask if it's open on Saturday.

VOUS :
L'EMPLOYÉ : Pas encore. Revenez demain soir.
VOUS :
L'EMPLOYÉ : À dix-sept heures.
VOUS :
L'EMPLOYÉ : Oui, il est ouvert le samedi matin jusqu'à midi.

EXTRA

On holiday in France, you lose something you value. Try to describe it.

Qu'est-ce que vous avez perdu?
De quelle couleur est-il?
Est-il grand ou petit? Est-il lourd? Est-il neuf ou vieux?
Est-il en bois, en métal, en cuir, en plastique?

I don't feel well

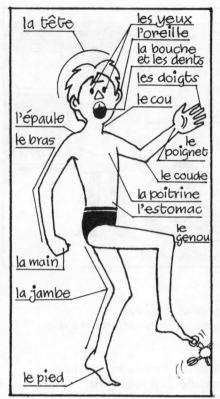

Situation 65: Chez le médecin (1)

Kevin doesn't feel at all well, so Mme Pinault takes him off to the doctor's.

LE MÉDECIN: Eh bien, jeune homme. Qu'est-ce qui ne va pas?
KEVIN: **Je tousse beaucoup, j'ai mal à la tête, et j'ai de la fièvre.**
LE MÉDECIN: Je vais regarder votre gorge. Ouvrez la bouche.
KEVIN: **Oh, ça me fait mal!**
LE MÉDECIN: Vous êtes un peu enrhumé.
Il faut garder le lit pendant deux ou trois jours.

NOW YOUR TURN
1 Tell the doctor you're coughing a lot, you've got a headache, and a temperature.
2 When he examines your throat, say that that hurts you.

Situation 66: Chez le médecin (2)

Kevin is better, but Mme Pinault now seems to be ill.

LE MÉDECIN: Qu'est-ce qui ne va pas, madame?
MME PINAULT: **Je suis malade. J'ai froid et je suis fatiguée.**
LE MÉDECIN: Qu'est-ce que vous avez mangé?
MME PINAULT: **Rien, docteur. Je n'ai pas d'appétit.**
LE MÉDECIN: C'est la grippe, madame.
Je vais vous donner une ordonnance pour un médicament.

NOW YOUR TURN
1 Tell the doctor that you're ill. You're cold and tired.
2 Say that you've no appetite.

Road accidents

l'automobiliste — l'agent — l'ambulance — le brancard — l'auto — le vélo — la femme évanouie — le cycliste blessé

Situation 67: Un accident de la route (1)

Kevin witnesses the accident above. He checks on the occupants of the car, then runs to a nearby house to ask someone to call an ambulance.

KEVIN:	**Est-ce que quelqu'un est blessé?**
L'AUTOMOBILISTE:	Pour moi, ce n'est pas grave, mais ma femme s'est évanouie.
KEVIN:	**Excusez-moi monsieur; il y a eu un accident. Appelez une ambulance, s'il vous plaît.**
LE MONSIEUR:	Qu'est-ce qui est arrivé?
KEVIN:	**Un cycliste est gravement blessé.**
LE MONSIEUR:	Je vais téléphoner tout de suite.

NOW YOUR TURN

You witness an accident between a car and a bicycle. The cyclist is injured.

1 Go to the car and ask if anyone is hurt.
2 Run to the nearest shop and tell the owner that there has been an accident.
3 Ask him to call an ambulance and say that a cyclist is badly hurt.

Situation 68: Un accident de la route (2)

M. Pinault has his car wing scraped by a lorry.

M. PINAULT:	**Je peux avoir votre nom et votre adresse?**
LE CONDUCTEUR DU CAMION:	Mais oui, c'est le plus simple.
M. PINAULT:	**Quelle est votre compagnie d'assurances?**
LE CONDUCTEUR DU CAMION:	Voici tous les papiers.
M. PINAULT:	**Et voici mon permis de conduire, avec mon nom et mon adresse.**

NOW YOUR ACCIDENT

In France, your scooter is damaged by a car.

1 Ask the driver if you can have his name and address.
2 Ask him which his insurance company is.
3 Show him your driving licence with your name and address.